選校選系與戀愛學分

徐權鼎——著

自序

一下子？一陣子？一輩子！

前幾年有位爸爸很感謝我的一句話，演講完後自動請纓載我到火車站，為了多講幾句話，那天我發現車開得好慢好慢還故意遇到紅燈……。

哪一句話？剛剛主持人說了一句做結尾：

「我們孩子大部分大了，功課都來不及了……。」

我馬上湊到麥克風旁邊補充更正：

「就算功課來不及，但態度、品格、情緒、能力是一輩子的事，只要願意開始，絕對來得及！」

你的終點是高中或大學所以來不及？而我的終點是「沒有終點」，不放棄的人永遠來得及！其實還有阿公、阿嬤買我的書回去要教孫子呢！

不肯開始，就是離目標更遠！大人不願累一陣子，孩子可能會累一輩子！

演講了十多年，許多媽媽對我說：「孩子大了，來不及了！」聽了很難過。

直接放棄？順其自然還是賭賭看？誰不忙、誰不累？除了遊民！

大人不願跨出第一步，怕熱不願離開舒適圈，這才是背後真相。你認為來不及，所以孩子就真的、一定來不及；而許多人認為來得及，因此做到了！

想要只有一個理由，不要卻有千萬個藉口，沒有破釜沉舟、背水一戰的決心，於是乎孩子也學到了你的消極、你的放棄，還抱怨孩子不優秀，比不上人家？罵他不就等於罵到自己嗎？孩子長大也會拿你和別的家長比啊！

書香會遺傳，貧窮也會，態度更會！有的一代混過一代，難以脫貧，送窮無術！

人生這麼長，沒有來不及。只有不想馬上開始、不想立即改變自己！

一〇八新課綱出來了，大家又開始慌成一團，想當初女兒是九九課綱第一屆，兒子是第二屆，我們一步一腳印把基本功做好，當了白老鼠了嗎？沒有！不會！現在兩個孩子態度滿分，快樂破表！

恐慌是因為未知，了解後成為已知就不會害怕。該翻轉的是家長的觀念，該培養的是孩子的態度。

蠟鼓頻催，努力筆耕之際有位死忠讀者傳來喜訊，很感謝我們家出書分享，給他們「提前」的觀念，照著做的結果，女兒高中上了第一志願，女兒要求媽媽把我們家整套書留給她當教育書，留在身邊一直傳承下去。

我的讀者中有很多都是追隨10年以上的高忠誠度粉絲，一試成主顧。前幾天我又收到一封鼓勵函，台南偏鄉中低收入家庭，媽媽把孩子教得極度優秀令人敬佩，還傳了一份這次會考模擬考成績給我。

成績等第：5A++、班級排名：1、學校排名：1、地區排名：1、女排名：1。

超厲害！我差一點感動到哭！

她說在孩子4、5歲時一路看我的書，也曾和我通過電話，女兒一路學習有95%是使用書上的方法，放棄很多賺錢的機會，為的就是堅持我給讀者所謂「陪伴」的信念。先生是做工的，而自己在家做手工，生活並不寬裕，但孩子給的榮耀再多錢也買不到。

除了課業表現亮眼獎狀太多外，待人接物、應對進退都非常得體，孩子一直很低調，也有看我的書，說以後也會這樣教育下一代。

她看我已好幾年沒新作品，除了感謝外更要告訴我，「你的書是有改變能力的」，看過很多親子教育書籍，只有我們家的最經濟實惠，希望我能持續寫作，幫助社會底層艱辛的父母用最少的資源和方法去教育台灣的下一代。特別要我在作品裡再次強調閱讀必須從小打好基礎啊！說她女兒的作文會好也是因為我給讀者需要

「多閱讀」的觀念。

不是城鄉差距，是父母態度差距再添一例！有心無心而已，願意做都有機會，至少不會後悔！這讓大家明白，為什麼會「南橘北枳」了！只因氣候、環境的不同。而孩子的程度，也因父母的態度差異，而有所不一樣。

兵似水，將似桶；桶圓水似圓，桶方水必方！關鍵就在父母。

如果不是這些忠實讀者一路追隨如此鼓勵，我早已封筆收山了，哪來一本一本的新作？同理，孩子更需要我們一路的激勵、鼓舞、陪伴。

人家說，最珍貴的是今天，最容易失去的，也是今天！

法國思想家盧梭：「許多人將希望寄託在明天、下個月，甚至十年後，卻不肯努力耕耘今天。」

我個人喜歡倒吃甘蔗的教育與人生，如果只能一對一的配對，我選擇玩樂一下子、辛苦忙累一陣子、快樂踏實一輩子！

對於孩子是寵愛一下子、訓練一陣子、感情好一輩子！

但有的父母卻是關心一下子、念罵一陣子然後抱怨、後悔、失望一輩子！

忙、累是不願意開始的藉口，其實拖、懶才是主因。有的都快跑到火星上頭去了，很多人連月球都還到不了？

五年半沒出新書了，每個人的直覺不外乎景氣不好、少子化、江郎才盡、腸枯思竭……，但不可能有人猜對的！這本書一波三折，靈感籌備了5年，寫了半年因忙停筆一年後又再寫半年，斷斷續續前後7年終於誕生了。

我說了好幾次，除非讀者不需要我了，不然寫書已是我個人使命感及社會責任了。這幾年因為靈感太氾濫，都溢出來了，太太還常笑我何時才能把垃圾變黃金？所以把主題分門別類約十大主題。

如果活得夠長、夠有空，接下來應會很正常有新作問世，不是以書本呈現，就是在個人網站發表。請大家拭目以待！

目次 CONTENTS

PART 1 選系為主，選校為輔

PART 2 也耐心聽聽孩子的聲音～甘願

PART 3

瘋社團或顧課業？一加一要大於一！

PART 6

所有順位須在品格及感覺之下

PART 7

不只學會看書，還要學會看人！

女兒藥學系五年總成績
的第一名獎座

PART 1
選系為主，選校為輔

「只要台大，任何系我都好！」？

前幾年向一位長輩電話請安，祝她中秋節快樂！

「你女兒讀公立或私立的？哪一所大學？」

大部分的長輩如果聽到台大都亮起眼來稱讚孩子厲害，極少談及科系及孩子興趣，就如一般人也都只問你哪裡畢業的？比較內行的會再補上一句：什麼科系？更內行的才會講到興趣層次。也許是受了同學、學校、長輩或媒體氛圍的影響，高三時女兒回家告訴我非台大不讀：

「只要台大任何一個系我都要，進去雙主修或再轉系。」

原本我也認同，但愈想愈不對，雙主修時間緊又累，資格門檻也高；而轉系談何容易？那自己是不是這個料呢？僧多粥少，多少菁英搶這極有限的名額？人有失手，馬有亂蹄，萬一落得兩頭空，屈就不喜歡的科系，痛苦四年又後悔一輩子！

這時的女兒，性向、興趣不明確，先選擇學校也無可厚非，但也不能為了進名校風光一下，過水個四年後才發現原來所學非用。

有次演講到板橋坐火車，買個便當火車上吃，跟著隊伍大排長龍，三個歐巴桑排在我前面，都快到了居然破口大罵：

「靠腰！排錯了，排那麼長，不是賣票的！」

多少人是盲從一窩蜂，沒事先做功課？

好些孩子上了大學後才發覺讀得好痛苦，太太同學的兒子原本考上公立大學心理系，念了之後不適合再重考一年上了和女兒同校藥學系，讀得好快樂！而另位朋友孩子北一女畢業，考上某公立大學牙醫但非台大不讀，保留學籍後重考，結果考得更差只好乖乖回原校讀，白白浪費了一年。

有能力選校又選系的孩子是很幸福的，但並非每個孩子都這麼幸運。台大有你興趣又喜歡的第一志願科系，當然皆大歡喜，但分數不夠時委屈自己讀不喜歡的科系，這我就有意見了。

學習態度及能力最重要，而不是學校名稱。有位父親很兇的對孩子說「考不上台大就別回來見我」，這已扭曲教育的本質了。也有位學校主任談及他友人孩子台大畢業後找不到工作，又跑回去讀台大研究所出來還是找不到，後來靠父母關係才勉強找到一份店長職務。

好，再談到薪水。半年前兒子放學回家後告訴我：

「爸，你知道嗎？我們學校機械系畢業的，求職希望薪資寫五萬八，而公司卻只肯給四萬六……。」

聽在當時大四女兒耳裡，慶幸知道早了，她心愛的第一志願科系將來的薪水絕對不輸大部分台大生，出路廣，就業容易又穩定。女兒高中三年，拿的是特殊市長獎，畢業總成績是第四名，班上第一、二名都好希望上藥學系，市長獎畢業的這位甚至特地跑來告訴女兒：

「我很可能再當你同學。」（因女兒學測就上了，非指考，是班上最早有學校讀的同學之一）

結果分數都不夠，兩個「只好」到台大其他科系。女兒懂了，了解自己很幸運，高興之餘還自嗨告訴我：

「原來，我比上台大還好，比第一名還厲害！」臉上帶著一抹微笑。

反而這第一名的同學有點失落，很後悔，早知道學測填一填就好了，沒想到當初不要的學校，指考居然會考不上？」（當時依學校而非科系順序填）

哎！魚與熊掌難以兼得，千金難買早知道！死囝仔乖，走魚大！也許失去了後才能分辨出什麼才是最適合的。那，為什麼不提早醒？畢竟光環只有四年，而前途可是一輩子！雖然很忙、很累，但女兒讀得很快樂、很踏實。有次我故意虧她：

「當初不是說只要台大哪一科系都OK？現在重新讓你選擇，你怎麼選？」

「廢話！當初不懂啦！」

「那如果當初我們大人也附和，你現在不是後悔極了？」

很巧，寫這篇時，當天的新聞報導有位台大某系畢業，退伍後已待業一年，投兩百封履歷居然找不到工作？他自己說超後悔的，直言「台大冷門系畢業還不如私立大學熱門科系好找工作」。

過了半年又看到媒體報導社會實例：「曾以學測滿級分進台大，頂著名校光環以為可為薪資待遇加分。但畢業求職後，找來找去都是28K，好不容易找到35K工作，換來的代價卻得常加班。」

我們當長輩的如果好奇或關心，是不是先問「讀哪一個科系」？而不是只問校名而已，這會誤導下一代觀念。

現在多元入學，上台大？真的不難！

難的，是上心愛的興趣科系及家長的觀念、面子！

選系或選校？看個別狀況！

選系不選校？錯！應更正為「先」選系，「再」選校，除非沒得選。媒體、記者常告訴我們選系「不」選校，其實用字不太準確容易被誤解。「不」改成「再」精準多了。因為主管徵人先看系「再」看校參考。所以我才說選系為主，選校為輔。

如果實力許可，相信每位學子都希望選校又能選系。但，並非每個人都能如此幸運，所以要分析，要有取捨。

兒子從小性向、興趣異常明確偏「理」，數學、自然一級棒，長大當然往學術界、研究員、醫師、教授，甚至小學就立志要當科學家，說出來還被同學嘲笑好一陣子。這沒什麼好討論的，一定先選系再挑校。

而女兒興趣真的看不出來，也不見有特別才藝，當性向不明確時可先選校再選不排斥、未來工作穩定、薪水又漂亮的科系較不會後悔。（當時天真的這麼想）

所以很早我們就定調為女兒選校再選系，兒子選系再選校，哪知時候到了，豬羊變色，人算不如天算，正好相反！

因為有提前，理科比文科好一點點的女兒，學校做出來的興趣分析表格卻是偏文科，怎麼辦？走興趣上不了，走強項？就算上得了，沒興趣也讀不上去，痛苦又無聊。她自己也承認文科很難。文科背不贏人家，穩輸；理科雖強一點，是靠後天努力及提前學習，並非喜歡，輸聰明人一大截！

媽媽建議女兒，既然數學、物理分數那麼高，讀數學系當數學老師就好了。

「不行啦！那是基本的可以，再深一點，再轉一下的我就不行了，物理更沒興趣！」是的，硬讀會很痛苦。

「可是文科不行，理科也不行，請問你大學要讀什麼系？」

「我也不知道。」

哎！文科輸女生；理科輸男生，我和太太也不知道怎麼辦好久。既然這樣，媽媽要求，萬一考不到好的校系，就要多選修些學分，才不會白白浪費四年。既然要先選校，當然選擇離家近的台北。我先入為主，就是定調在台北的學校。

呵呵！道理是很豐滿，現實卻很骨感！

女兒這顆特製的頭腦，我的讀者都知道其記憶力好到嚇死人，也不知道裡面裝的是什麼？看到後面忘了前面，自嘲1GB而同學都有8GB容量。

高三時有次同學向她抱怨：

「怎麼辦、怎麼辦？我這次社會模擬考都沒時間讀，錯得一蹋糊塗！」

女兒很好奇的問她錯幾題？

「27題！」

女兒都不敢說自己社會背了十多小時錯了31題……我好心鼓勵她：

「沒關係，我們還有半年機會，你趕快去背！」

「爸，不行啦！我這個大腦保存期限啊……只有『兩天』……。」

我……無言，不敢相信自己的耳朵，當時真想一頭撞牆！

學測後要開始申請校系前幾天，不死心的太太問女兒，覺得哪一科系不討厭，讀得比較輕鬆？

「讀生物不難很輕鬆，分數也不差。」

太太如獲至寶，終於在填寫前有方向可走。幫女兒分析的結果適合走藥學及護理，文理科都不行，只有往醫、藥、護試試看，女兒也不排斥，所以由原本的先選校改為先選系。

反觀兒子，用膝蓋想也知道是理科或醫科，哪知到了高三起了變化，是不是比賽久了，磨光了熱忱，對物理不再那麼喜愛？不知道。他大一的同學好多都想轉系或重考，覺得不適合，前途茫茫。當初選系一回事，興趣一回事，時間到了必須面對現實又是另一回事。

兒子當初大學是申請保送的，有資格申請三所，當然是選擇離家近、交通方便的優質學校為第一順位，以他的實力進去後再轉系或雙主修都沒問題。為了大二能雙主修，大一時努力拚卷哥，上下學期平均不小心為班上物理系第一，順利拿到財金系的門票，轉個彎也可以讀到自己心愛的科系。他轉了好幾個彎，性向、興趣九彎十八拐，由單純的選系改為先選校，理組又跨文組四年修完，考了托福，延畢一年，到加拿大溫哥華當交換學生。

雙主修很累很辛苦，是兒子自己甘願的，從小提前學習好處多多，能力、耐力一等一，不怕苦、不怕累，只怕目標未達到，很多人修不完半途而廢或延畢。

有的學校提供跨院系學位雙專長，或大一大二不分系，事前要多做功課，以免進入大學後才發現選錯校或念錯系了後悔，興趣、能力、個性、出路等都得事先分析、評估。以不後悔機率順序來分：

第一順位：有能力選校又選系。這麼幸運的人不多，天之驕子。

第二順位：先選系後再選校。較多人的務實理性選擇或希望畢業後立刻找到相關的工作。

第三順位：先選校後再選系。有八、九成把握轉系、雙主修或特殊考量。

女兒走第二順位，兒子先走第三順位後成功繞回第一順位。

選校或選系？考量不同，狀況不同，因人而異須個別討論，沒有標準答案，沒有絕對的對與錯；只有適不適合？興不興趣及對多對少的機率大小，約三七比或二八比吧？（表示多數人優先選系較穩當，系所比名校重要，但少數人沒差。）

道理就像台大的錄取生，約一半來自北北基，而又以建中、北一女最多。但不代表住在北北基、讀建中、北一女就一定上台大，只是比例上較多而已。也如選舉原則一般，有特殊人才時當然先選好人才；都沒有人才時，就只好先選黨再選相對適合的人。強項和喜歡是兩回事，如沒強項，文科不行，理科也不行，那就先備有一技之長。只要態度對了，積極、認真、有目標，總會有屬於自己的一片天，都尊重、支持並祝福、恭喜。

選擇你所愛，愛你所選擇！

還好，當初女兒沒聽我的話……

女兒個性很適合當老師，但她沒興趣，我們也尊重。只是我很堅持孩子要留台北讀，而且一定要「公立」！也就是說先選校，至少離家近省費用，而太太卻持不同意見，認為孩子離家才會長大，而且要先選系。

女兒的學測我們一直很樂觀，記得那是一大早的六點多簡訊通知，我們三人迫不及待地從床上跳了起來，很興奮好奇想知道女兒考得如何？一打開簡訊，臉都綠了……。兩個字：錯愕！五科怎麼才67級分而已？（我預估69～70。）女兒臉色很沉重、緊繃，沒日沒夜的……，和努力的程度似乎不成比例，很是心疼！

不上不下不理想，不相信自己的眼睛，空氣瞬間凝結，氣氛甚僵，有一種希望破滅、洩氣的感覺，誰都不願、不敢多說一句話，大家表現得異常鎮靜、沉默，也許深怕講錯，擦槍走火或傷心、難過的哭了。

還是要回到現實。免試的繁星申請每所大學有兩個名額，女兒填了陽明護理系，校內是出去了，但校外被比了回來。當初我們有共識也都講好了，只要免試上了陽明就當護理師，也規定不能放棄，不然等於放棄接下來的學測申請機會，必須往指考走了。陽明符合我公立又台北的要求。奈何老天爺不准！

事前太太還給女兒心理建設打預防針，怕她中途落跑後悔、吃不了苦。太太自己曾是護理師，分享以前的甘苦談，沒有熱忱是做不來的。

「有可能抓屎把尿的，你可以嗎？」

「ＯＫ啊！又不是沒摸過。」

「要有服務熱忱，不能嫌棄、嫌苦。哈哈！要有心理準備。」

「沒問題！」

畢業後可走臨床或往上念轉校護，走行政或教學都可以。

太太分析到孩子了解、甘願為止。兒子聽了後告訴我：

「自己是護士，上次建議表姊讀護理，到處拐人當護士，媽媽真厲害！一個變三個。」我差一點從沙發上掉下來。

女兒和班上同天生日的「麻吉」兩人決定走護理，學校有位老師知道他們程度不錯，這麼早就下決定覺得很驚訝，當面暗示：

「你們可以上更適合科系的！」

導師也怕女兒選錯，特別提醒她：

「你不會為了台北近而選台北的學校吧？」

「不會啦！」

很巧，導師剛好是我的讀者，還悄悄的叫到辦公桌前問女兒，指著書的封面：

「這是不是你？」

極低調的女兒嚇了一跳，點點頭。

申請入學可填六個校系，一半填護理系。女兒總級分雖不甚理想，但不好的都集中在文科，理科很高。也就是說要找對她最有利的學校及科系，我們翻遍整本所有大學校系申請條件，發現護理系很多，但藥學系只有台中的中國醫藥大學有機會，因第一階段比的是數學、自然、英文三科，不比文科。但問題來了，犯了我的大忌：不在台北，又是私立！

記得那天為了填不填台中，我們三人動了一點氣，母女舌戰我一個，我有點惱羞成怒對女兒拋下一句「隨你們便啦！」就走開了，不想再碰這個話題。

我當時的意思是要填就去填，讓妳自己決定，不堅持反對了，妳自己要的一定會填。但萬萬沒想到的是，罕見的口氣不好讓女兒認為我很堅持，之後和太太也都沒再過問或確認，女兒也沒提。

比序成績出來的前兩、三天我才想通，她們母女才是對的，是自己不知道哪根筋不對，頭殼浸到水「秀逗」了，真的嚇出一身冷汗，我開始害怕了起來，不寒而慄！女兒該不會真的聽我的話而沒填台中那家藥學系吧？兩、三天睡不好，而我都不敢問。現在回想起來還是很可怕！錯誤選擇下，很可能對工作沒熱忱，薪水又較少，我會難過、內疚，後悔一輩子。

直到她說第一階段申請六所上了四所（包括藥學系），我才放下心中那顆超大石頭。

當走筆至此，提起勇氣問了女兒當初的狀況：

「那天妳不是刪掉了嗎？」

「你就不要私立的，也不要遠的啊！就是要把我留在台北就對了。第一次交出去刪掉藥學系，過了兩天須再確認一次時，我後悔了，自己在學校又改回來。」

「那為什麼沒告訴我？」

「我不想理你！」

太太聽到這一段對話馬上跳腳轉頭對我說當初不知道女兒刪掉，「如果知道而因此沒上，你會被我罵死！」哇！這麼恐怖！

我承認，公立、離家近是兩個孩子從國小到高中的兩大原則，但到大學應以興趣科系的學校依序選擇為主，是自己沒有修正變通，是我的錯。

當時也不知在固執什麼，像鬼打牆一樣繞不出來。還好及時懸崖勒馬，還好女兒有主見沒聽爸爸的話，如因此走錯系我會一輩子內疚對不起她。興趣、職業、薪水、熱忱、成就感都不一樣……。

口試後上了台師大生命科學、陽明護理（備取變正取）、國北護（健康大學），公立、離家近的女兒都不要，選了較遠較貴的中國醫大藥學系，如願以償。

她繁星免試申請就是陽明，如一開始上了我們就是讀護理，老天爺真愛捉弄人。現在上了卻沒感覺，因有更好的選擇（這是比較問題），更慶幸好險當初沒上！和弟弟一樣，還好北星免試沒上建中，不然就無法上建中科學班一樣道理。塞翁失馬，焉知非福！

一來一回我算了一算，讀五年連住宿開銷差了一輛車，我開玩笑的對她說：

「我自己捨不得買車，車子卻被妳開走了啦！」

「放心啦！以後我會變更多輛給你啦！」

聽到她這麼回答，車子被開走得還算值得。她每天開心得手舞足蹈，笑容滿面迎接令她期待的大學生活，直說會比高中更努力，感恩老天爺對自己的厚愛。確定錄取後，還在拚畢業考，有位同學開玩笑對女兒說：

「真不想看到妳，都有學校念了，還比我們要指考的人認真，真慚愧！我應該更努力一點了！」這時全班只有六個人有學校。

還好，當初女兒有主見沒聽我的話，差一點害慘了她，不然會內疚一輩子。現在懂了，我也向太太及女兒承認是我的錯，謹以此文向女兒道歉，也希望讀者不要犯了我之前的固執，拿孩子一輩子的前途及興趣開玩笑。

我當初雖然有意見，放話不管了，但沒堅持一定要刪掉藥學系。

有次聊天，碩一的兒子告訴我：

「老天爺對你們兩個真好，不然你會成為一輩子罪人，成也徐爸，敗也徐爸！」

我聽了，真的嚇出一身冷汗！

是好是壞，先學會尊重孩子選擇

景氣不好，父母心態卻力求穩定優先，軍警學校當學生就有零用一萬五，學費全免很誘人，有的連台、清、交都放棄，羨煞多少父母？但主要還是要尊重孩子意願才好。

曾有一考上清大電機系，非常頂尖的孩子不是因興趣而是父母硬逼進警大，結果不適應而退訓兩頭空，也不知怎麼辦？孩子同學的姊姊是高材生，高中是市長獎畢業，當時志趣極明顯就在「藝術」，結果因成績考得太好，父親不准許並堅持讀名校，名聲好面子夠，老大也是。

結果一個數學一個哲學要當老師，哪知遇上嚴重的少子化工作縮編，老師工作不好找，而對藝術活動每一場都沒缺席，父母後悔了要她轉系讀，孩子回「來不及了」。

時空背景不同，父母的觀念要跟著成長，走在孩子前面。以前我那個年代大學生少，大學難考，上榜率約為三成，所以社會重學歷，公立更好，需才孔亟下不計較，非本科系都很搶手，因當時大學生有一定的素質，業主都願意給機會在職場中學習，給時間從工作中慢慢學習；而今景氣不好，大學升學率高達九成多近百，招牌掉下來被砸到的一定是個大學生。

學歷貶值、素質下降，看實力、看能力、看科系，業主當然精挑細選，本科能馬上進入戰鬥位置的都太多了，為何還去找非本科系的呢？這時誰管你是公立或私立畢業的？值錢的是科系！當然，選對科系又公立最理想，只是這麼幸運的人畢竟不多，但可以求次好：選興趣、適合、對的系，並在大學期間努力找實習機會，畢業後才能無縫接軌，找工作更有優勢。

但那三成的菁英並沒有消失，只是平均分布在各校頂尖熱門系當中罷了。

有次買二手書，老闆娘告訴我，她女兒卡在分數問題，但為了「國立」二字好聽省錢跑到金門選了沒興趣的科系讀，現痛苦不堪；也有父母堅持孩子指考依分數填下去，不要高分低就，如不小心考太高就去讀醫學系不要浪費其分數。

那萬一落點在沒興趣科系那不就痛苦四年？也有孩子堅持己見以興趣科系填，結果造成母子失和、父子大戰，威脅斷經濟來源。但你有張良計，他有過牆梯，「我打工去！」

其實有主見的孩子也不少，比爾・蓋茲和老爸曾有嚴重爭執，老爸希望讀法律系，他自己卻喜歡電腦、數學；李遠哲博士也抗拒世俗眼光和父母期望不進醫學系，而去讀化工再轉化學系，只因有興趣才能做到最好，再苦也甘之如飴！

女兒說他們班上指考完後，為了填志願，到底先選校或先選系，有的母女吵架，有的父親堅持以分數填志願，還有的媽媽連遊戲規則都不懂也要干涉！更有人提議讓你的父親和我的母親約出來去吵好了……什麼跟什麼？我還遇過有對父子爭執不下只好到廟裡「博杯（擲筊）」，有請神明仲裁，結果連續三個聖杯，爸爸贏了，兒子願賭服輸。哎！無奇不有。

有同學開玩笑說看到指考成績後只有三種選擇！

一、重考！

二、去金門！

三、去跳海？

有這麼嚴重嗎？之後看到別人的分數也很低才放心下來，說終於不必跳海了，有了第四種選擇：冷靜、振作、面對！

考試的運氣太重要了，今年考的是不是你的菜就是關鍵，如果女兒那次學測的數學太簡單，那她上不了藥學系。所以平常要心存善念，多做好事。鐘擺效應也是有，今年超難，明年就不會那麼難，為了一輩子前途，為了想要興趣科系不痛苦

四、五年，重考一、兩年都值得，不能將就，要講究。

女兒說有一次分組時，他們那組10人有6個人是重考的，還有1人考三年才上，自己算很幸運，一次就進，難怪熱門科系窄門難上，好多都是重考好幾年才上，還有保留學籍先卡位後再重考，考更好就往上選，不好就回來念，女兒班上60個就將近10個保留學籍，休學的。

孩子的前途，應尊重其決定，就算錯了也是成長、學習過程的一部分，自己摸索，自己甘願。演講時就曾有位主任告訴我，她好難過說心好冷，兒子到現在還一直怪她，讀得好痛苦，就因當初堅持兒子讀某科系。

讀得快樂是基本要素，盡力是滿分，態度是一輩子！把自己想做的做到極致就是圓滿成功，至少沒有對不起自己。

女兒以「藥師」起跳，考公職或自行創業，再者，助教、碩士、老師都ＯＫ，順其自然、興趣、機緣。原本高三時受社會氛圍及同學觀念影響，剛開始也認為只要台大，但五年來讀得非常自信、快樂、充實、忙碌。盡力、努力是孩子的優勢，這就是我從小要求的基本態度，其他的自己去追求。回想當初我們都不懂，沒事先做功課，亂槍打鳥，如果重來，我們連科技大學的藥學系都會報名，兩邊押買個保險，重考也會是選項。

不要怕錯，怕自己不修正才可怕。我知道自己有一項優點，知道錯了懂得及時改正並做到更好。孩子本身要有主見，父母要有聽進孩子心聲的雅量及素養，填志願，請耐心傾聽孩子的聲音，多溝通、多尊重孩子的選擇，可分析建議，把最後的決定權留給孩子，才是最好的教育。當然，最重要的是多看我的書，「一路變通」就能「一路暢通」！

舊觀念和舊經驗是阻礙創新的原動力，不要賊去才關門，真的來不及了。現在學乖了，我會建議、分析，但最後決定權留給你。如果我硬逼你如何做，之後的後遺症一定是怪我，但好處卻不提；反之，如果讓你自己決定讓你甘願，之後的壞處自己承擔，會反思原來父母是對的，那我的話日後會更具說服力。

鳥各有群，人各有志。就像兒子不當醫生一樣，不勉強，到處撞得滿頭包他也甘之如飴。兒孫自有兒孫福，不後悔、高興就好，態度在，想要時，隨時可轉彎再衝刺，尊重！

把握強科，不看弱科的個人申請

高二時，學姊的學測完畢後，女兒夜自習回來分享在學校分析結果，到底走學測或指考對自己有利？

「學測對我也不利，因實驗及校外比賽都有加分或印象分數，我什麼都沒有。」

只有公服時數贏人家，但大多數學校又不看；指考範圍多又難更不利，題目拐個彎分數就不見了。媽媽建議讀警大，女兒也有興趣，說自己能吃苦，可惜身高差一公分資格不符！後來要報國防護理，免學費、一個月還有一萬五零用真吸引人，但要體檢。帶貧血基因的她又被打槍，真是氣死人！

不知道哪裡聽來的小道消息，花蓮有所護理不用錢的學校，女兒回家向媽媽提及這件事。

「花蓮？你爸會不會讓你去？」

「放心啦！爸聽到免費的就會讓我去了，一個月還有五千，成績好聽說還有兩萬獎學金。」

啊？原來我是這樣的人？只要能有一技之長最重要，其他就不必太計較了。

「睡前全頭路，睡起沒半步！」

外婆在時常數落我們孩子這句話，表示話說得很好聽卻不積極作為。還沒真正進入到問題核心，計畫都很多很詳細，等時候到了面對後就全然不是那一回事。

女兒學測成績出來，全家沒有一絲高興的感覺，茫茫然、上不上、下不下，我們認為難以申請到理想的好校系，所以走指考或重考也是選項之一。我們翻爛了那本各校列出的申請條件，都覺得很落寞，只有數學贏人太多而已，自然及國文有考出實力，但未頂尖，英文不如預期，而社會是慘不忍睹！

看一看只有台師大的生命科學及其他各校的護理穩上。最心愛的藥學系門檻都要很高，根本摸不到！直到有天女兒突然叫了一聲：

「哇！有希望了！」

發現新大陸了嗎？嚇全家一跳！

原來她發現了一項可能上藥學系的優勢關鍵！幾乎每校藥學系都是各科分開比，但有一所今年卻改為英文和數學級分加起來比而非分開（去年還分開），分開比她上不了，英文考差了，但數學考太高（別人因超困難考太差）加起來剛好能過關，符合第一道門檻。如果自然再考差一級分也會被刷下來，規則今年這一改也改變了女兒命運，根本是量身打造，老天爺送給她的。

折騰這麼久，看到了希望，「雨過天青雲破處」，終露一道曙光留給努力、認真的孩子，只剩口試。每一學校的遊戲規則小細節都是關鍵，她高興但我可不認為，因當時還是覺得台中離家太遠！

班上第二名的同學很納悶很鬱卒的來問女兒：

「奇怪，明明我和你申請同一校系，總級分又比你高2級分，為何你上了我卻沒上？」看了一下成績單後，女兒解釋：

「因為第一階段只看英、數、自，不比文科，你文科好但數、自不夠才被刷了下來。」

顯然這位同學及其家人沒做功課，以為只比總級分，白白浪費了一個額度，很可惜。女兒能上只能說超幸運，努力的態度當然是基本要件，但「考運」及「機緣」卻幫了大忙成為關鍵！

女兒很奇怪，理科考簡單她一定輸人很慘；考題愈難她反而分數超高而能以嶄露頭角。號稱五年來最難的數學及有深度的自然救了她。

萬一簡單？完了，絕對翻船！在高三上時每個人都拚學測，無暇顧及段考，有次數學太簡單全班滿分很多，反而女兒只考88，只因約分錯誤這種白癡題就被扣了6分，自然也是。從小扎根，數學、物理基本功很深的她，愈難愈是她的菜！太簡單沒有鑑別度反而沒有優勢，雖然極不喜歡這兩科。

全省數學滿級分只有一千多人，她是其中之一，數學贏人太多了，對申請非常有利。這是她20年前辛苦、乖乖、傻傻、認分的寫功文提前的結果（態度及計算能力）。誰會料到20年後卻決定了她的職業！

同學都羨慕她「錢」途一片光明，薪水可期、目標明確，不會畢業即失業。未確定前我還開玩笑對她說：

「拜託拜託！不要上到私立的……」

「怕什麼？我會賺回來！」女兒很有志氣的嗆回來。

很多讀者問我，到底孩子需不需要補習？以我的立場及狀況，非常不贊成。但有一點例外，大考前短期的弱科總複習、學校沒教過的專業科目或孩子自動要求，買一個讀書環境、氣氛及動力等都可接受。

學測前九個月的一個週六，女兒要求我帶她去試聽，國文文學、寫作，英文新聞及寫作，一開始是留校夜自習，有了上課證後就可利用衝刺班的自習教室（可比學校多讀一小時）。環境和學校不同，彼此不認識，不會走動、聊天或討論，平時上課她早上六點四十就出門，十點多才回到家，週六、日又有自習場所。

讀到快畢業了，女兒心有所感地說出肺腑之言：

「還好，當初選適合我的類組，不然文組我一定掛掉，讀不上去；理組沒興趣、不喜歡更別談了。」像她的歷史永遠考不好就很清楚了。

「同學都不用看，隨便考一考就80多；我背得要死要命只考50多……。」

「那你也不要背啊？」

「不背更慘！」

第二階段的口試過後，確定上了夢寐以求的科系，女兒每天又叫又跳又激動，眉飛色舞，樂不可支。我告訴她：

「老天爺給妳這麼好的機會及運氣，一定要好好把握。」

「我知道。上了藥學系之後一定要很認真很認真，我高中還沒有很拚命，這五年，為了我的人生，一定要好好努力。」

五年後，她真的以第一名畢業！

能力、特質大大重於文憑

做大人難，做孩子也難！有面子又有裡子當然最好，但難以兼得時選擇風光或實用呢？就像選校或選系道理一樣，看適合自己的需求，不是看他人的眼光。

我有位朋友很愛面子，預算問題買了一輛名牌二手車風光充場面。其殘值卻不如國產新車，實用，故障率會低一點。如果只能二擇一，興趣的科系會比讀名校好一點；讀有用的學士會比沒用的博士好一點。

學歷貶值的時代，能力大大重於文憑。如果沒有專業或一技之長，很可能畢業即失業，讀完大學不知要幹嘛？只好繼續往上讀碩士刷學歷……。

部分領域供過於求下，造成太多的流浪博士，良莠不齊，求職時可能放不下身段、腰彎不下去也不願屈就，高學歷反而成為阻力、高失業率。讀對領域很重要，少子化下學校面臨退場，沒那麼多教職缺，除非有熱忱想走學術研究或產業界需要的人才，不然可能產生「學成無業，產業無人」現象。

有次到一國中演講完後，輔導主任有感而發告訴我，他一位博士同學常失業，

ＸＸ系的，上次曾麻煩她來代課，一個月兩萬多也得來賺，博士不像三十年前值錢。

現在呢？作者比讀者多、店員比客人多；老師比學生多、博士比工作多……，還曾有博士打零工維生的，聽了相當心酸。

好幾年前網路有個分享：

甲媽：「聽說你大兒子是博士？」

乙媽：「對啊！二兒子和三兒子也是碩士畢業。」

甲媽：「哇！這麼厲害。那老么呢？」

乙媽：「哎！別提了，只有國中畢業而已，之後就去當油漆工，現在我們全家都靠他在養。」

甲媽：「靠腰！」

兒子不走學術研究、不當教授，所以不想讀博士。

「當教授有什麼不好？穩定、社會地位高、薪水也不錯。」

「不好，太一成不變了，沒興趣。我的時間很寶貴，幹嘛浪費我的時間，那個要做太容易了，但我沒興趣，被限制了，對我沒用。」又被兒子打槍回來。

沒興趣我尊重，不然熱情被磨光也是一場空，對他而言博士不難，要不要而已，手到擒來、反掌折枝之易，我猜測他對教授的薪水可能也不是那麼滿意，覺得投資報酬率不高，哈哈！

當初我自己也不願意當老師，之後輟學創業，所以也沒資格要求孩子一定要做什麼行業，因為能感受到那種痛苦，太太還虧我「兒子比我高一級，自己不當老師，有何立場叫兒子當教授」？

兒子還向我開示，說台大人畢業後比較容易找到工作，萬一又甘於受較高薪資綁住就跳不出來了，不太會想出來創業。也因此在此例上，創業極成功人士大多非極明星學校畢業，就因差了個一開始的舒適圈。

但，與其喊破嗓子，不如做出樣子；不要說出來嚇死人，而做出來是笑死人！畢業後先進入職場工作，有需要再讀碩士也可以。理科靠實力，文科較重學歷，大學學歷的一大堆，面試、升遷還是以碩士吃香，畢竟是第一印象。

從小媽媽就一直對兒子洗腦，要他當醫生，以後可治媽媽的疑難雜症。

兒子善於分析病情，很有醫師特質及天賦，好幾次去看醫生，病情分析得比醫生還透澈，不管是感冒或骨科，甚至眼科，還會自己看病。有次骨折到處看不好（學校社團劍道社職業病），只好到大醫院，醫師講了一大堆他早了解的，卻說不出重點，直到最後兒子忍不住了反問醫師：

「是不是疲勞性骨折？」

「有可能！你怎麼知道？」

醫師很驚訝！殊不知兒子做了多少功課才來的？說明的比醫師還多、還詳細，還能反駁。左腳照了X光後，看片子醫師也看不出所以然，沒什麼問題。反而兒子指出第二指有問題，這時醫師才說：

「嗯！有腫。」

天啊！到底誰是病患？誰是醫師？

「我？當醫師？不就一輩子被綁住了？」

太平坦、太容易、太順利的人生規劃，沒有挑戰性，能知道最終結果的行業一點都不好玩，這就是我兒子！

「叫我每天準時上、下班，做固定、類似、重複的事，接下來的人生做什麼都已可預知了，那有什麼興趣？人生太順、太清楚反而會恐慌、無聊，這不是我想要的。」

既然沒興趣，媽媽就不勉強了。而我自始至終是反對兒子從醫的。

時代不同，父母傳統觀念要改一改了。病患及家屬的個人意識抬頭，消費者被捧上天，奧客層出不窮，在吃到飽的體制下，收入及專業權威不若從前，除非真有熱忱及興趣，不要只貪圖一時的面子，讓孩子痛苦一輩子。

兒子從小立志要當科學家，打算一生從事研究工作，在高中時有一次還開玩笑告訴媽：

「媽，不要指望我賺很多錢給你喔！我要當一位窮科學家。」拜託好不好，科學家哪裡會窮？

時間未到先打預防針？只要你時間不空轉，努力打拚，其實不必擔心我們兩個老的，我們早就規劃好後半人生，並不缺你這份孝親費。

但，如果你要「硬給」，我也會「勉強」接受。哈哈！

學以致用或學非所用？

較少數人能很幸運，很早就知道自己喜歡或適合什麼行業，而能學以致用。就算知道了，也不一定能如願。

興趣科系也許分數問題，而非擇己所愛而學非所「願」。就算上得了畢業後發現實際工作內容並非如自己當初想像理想而產生認知落差，或前（錢）途、機運不如預期而轉職，造成許多人學非所用。更有許多人抱怨學校所學，出了社會都用不到——學用落差、學難致用！

根據報載統計，「學以致用」的薪水約高三、四成，這是均數，不代表個人、自己。人生境遇哪有一定？所以我才常說「沒有絕對的對或錯」！在於肯吃苦、肯用心、肯努力、肯學習，每個階段都是過程、都有幫助、都會連結，要獲得養分，就看自己願不願意下功夫罷了。

太太走的是護理，以當時年代有機會買得起房子算是高薪了，工作穩定、生活無虞，結果職場五年後就結婚辭職，跟著我做生意賣童裝。

當初在女兒性向未明時，太太曾告訴她：

「不必隨人家起舞選熱門科系，大部分人到社會上都嘛是『不務正業』的。你學這個，以後也不一定從事同樣工作，像我自己就是不務正業。」

「啊？你也算？」

我本身就是，十七歲就以做生意、當老闆為一生職志而輟學背水一戰，前後做了近五年學徒，一個月只休兩天，每天辛苦工作12小時，打雜送貨、經營人脈、學習批發零售經驗，工作桌就是我的床。服役三年後不滿24歲就創業，原以為終其一生和童裝為伍了，誰知道寫書、演講、教育反而成為我興趣、拿手的終身職業。靠著一張嘴巴糊口，筆耕墨耘、賣文為活，而今也涉筆成趣了。

我和太太的例子都是先有目標後「學以致用」，後來才轉為「不務正業」的，而非一開始就學非所用。有前因才有後果，有前一段的養分、歷練，才有後一段機緣、成就，順序正確最好。也就是說，年輕時要有人生目標追求，不可認為說反正最後可能也是非走本業，所以一開始就想不務正業，漫不經心無所謂，亂槍打鳥式的心態很要命，也許會一輩子都另類的不務正業了。

如果說早知道，我跳過前一段歷練直接寫書、演講，那書能看嗎？演講能聽嗎？曇花一現罷了，經不起考驗！太太沒走護理也就不可能認識我，更別談她的口

才推銷天分，生意做到嚇嚇叫了。死的能講到活的，讓人覺得非買不可，不買對不起自己似的，十足生意人。這時我的「學以致用」反而輸她的「不務正業」。

三、四十年前的年代生活較為清苦，公立大學擠破頭，當時大學生少不管讀什麼系，連高職生都很值錢搶手。而今，升學率近百分之百，大學生多如過江之鯽，比的是實用科系，千萬不要受老一輩的舊有觀念影響，為了省錢、好聽，硬讀公立不適合自己科系。經濟如有困難寧願去辦理學貸慢慢還，因為專業及興趣遠比名校畢業重要的多。

我曾持續追蹤幾位孩子同班同學十多年，發現有位從國小到國中都第一名的A同學畢業後工作不到一年痛苦至極！

整天抱怨、叫累、吐苦水，不定期爆肝加班，作息大亂，加班費還不敢報太多，薪水還比護理師少！痛恨這行業想轉換跑道又沒實際行動，原本以為坐辦公桌記記帳很輕鬆，沒想到讀四年出來的工作居然和實際狀況差這麼多！無奈的一天過一天，沒有希望，惡性循環下臉色暗沉無光，已有憂鬱傾向。

另兩名同學B及C名次是班上倒數的，A是名校，B是沒聽過的學校但同系，工作性質和薪資也差不多，但B能接受，畢竟能有工作已很幸福、感恩了，這是第一名和倒數的心態接受度。而C知道自己不是讀書的料，寧願讀職校又努力實習，畢業後在原公司無縫接軌上班，是這三個同班同學中薪水最高、最快樂的一位。

第一名和最後一名？那是在校內、在班上，出了社會就不是這麼一回事了。當學生時比的是「努力」，出社會後比的是「選擇」！

選系、選校約七、三比，但卻高達七成覺得自己「學非所用」，平均而言薪水也不如「學以致用」。

兒子班上一位家長物理系畢業後居然到出版社當編輯，我很好奇的問兒子：「那他一開始為何不選中文系？」

「當初不知道自己的興趣。」

曾聽過有位主持人有感而發，「學的常和實際工作不同，那當初堅持校或系有何意義」？當然，那是她個人經歷及看法，你成功了你說話，但並不是每個人都能這麼幸運、順利，還是必須要有前提的。

個人認為，「努力認真為基本，積極態度是唯一，設定目標要堅持。」不可以一開始就抱著消極刷學歷的心態，流不了汗、耐不了勞；四體不勤、五穀不分，到頭來可能就不了業。事實上，不管本科或非本科系，許多知識及眉眉角角的寶貴經驗都是出社會後才開始學的，畢業只是基礎罷了，是另一階段的新手。

就算是第一名畢業，出了社會很多行業還是必須砍掉重練，重新學習。英雄比的是氣長而非一開始的氣勢，在每個崗位努力扮好自己的角色，隨著環境變化，不斷讓自己成長，因為重點不在過去你學過什麼，只要努力，最後都能連結、相輔相成。也要記得利用在學期間或寒暑假找機會實習，畢業後工作才能無縫接軌。

許多傑出學者、醫師從政也毫不遜色，法國總統馬克宏念的是我們認為冷門沒前途、轉系率奇高的哲學系。

哲學家蘇格拉底說：

「選一個好太太結婚會有一個幸福家庭。反之，選一個不好的女性結婚？你會成為哲學家！」

哈！真幽默！原來選擇錯誤是危機，更是轉機！每一件事都是好事，就看自己習慣看哪一面了。

我一直強調，沒有一定的對與錯，只有比例大小。有時對就是錯，錯反而是對！態度依在，總有所得！

「學非所用」有時也算是另類的「學以致用」！端看各人怎麼用罷了！

社團不是不能玩，而是看你怎麼玩。兒子居然玩到劍道社社長。

PART 2
也耐心聽聽孩子的聲音~甘願

請以**態度說服我**支持你！

老實說，高中三年不知在讀什麼書，莫名其妙就畢業了。

可能是班風的關係，在科學班裡，兒子不是免修就是物奧複訓、競賽，幾乎一半的日子都在公假中度過，段考都得靠自修自學。

三上物理校隊七人之一，他不是為了要參加這全省的比賽，而是為了公假可以不必乖乖坐著上課。

但，該來的還是要面對，走競賽之路一翻兩瞪眼，不成功便成仁，升學要有兩頭空的心理準備，所以我們和孩子之間有個共識，不必壓力太大。萬一的話就台×大物理系，雖然知道兒子會很不甘心。

在兒子高三時，有個週六早上出門買飯糰，恰巧遇到一位認識的家長。

「哎呀！你兒子一定是台大的啦！」

幾乎每一位認識我的，不管是親戚、朋友或讀者都會這麼認為、這麼說。是啊！又是建中又是拿過金牌，沒問題的啦！我也曾如是想，但其實這是兩回事。

表面看似風光的背後，其實過程一波三折，並不如想像中順遂、如意、想當然爾。

升學考試這回事哪有一定是如何？

教科書都是空白的，怎麼考？學測是班上唯一裸考實力沒準備的人，兒子說要走自己的路，不想被傳統的教科書綁住。高三時曾問兒子升學要走競賽還是學測路線？我們一開始建議走競賽放棄學測，沒上就指考，考上哪裡讀那裡，他也認同。

但自知不適合比賽，容易緊張又痛苦，風險太大。過一陣子他又想到要去港大，須學測成績，考得好又能公費，於是走回學測，放棄物奧競賽。

哪知拿起課本讀了兩天地理、歷史發現根本讀不進去又要改回來。猶如平地一聲雷，我問兒子：

「為什麼又要走競賽？」

「明知道不適合，但為了不讓自己後悔，至少走過，沒上，是自己實力不夠、努力不夠！」

非常排斥死背及考試的他，怕考不好經不起考驗，危及老爸作者及講師的權威性，又怕爸爸的書賣不好？真是想太多！

「不要因為你爸出書壓力大，你沒上台大我也會寫啦！要笑就笑你爸好了！」

兒子臉上終於露出一抹微笑，老爸都這麼講了。十八變的他，父母看見了認真努力，所以完全尊重其選擇。

定案之後他馬上跟各科老師先打過招呼，放棄學測直攻物奧（物理奧林匹亞）。明天物奧初試了，今天才知道學測都只剩兩天，連個簡章也沒看到，問兒子要不要前一天去看考場？

「不用啦！」

「那萬一遲到怎麼辦？」

「遲到？那個不用到也沒關係。」反正考好玩的，一派輕鬆。

「可憐啊！……」

第一天考什麼科目也不知道，姊姊說話了：

早上九點二十考，他睡到八點半，洗個澡，九點五分才出門。

結果裸考五科成績69級分，全敗在背科，台大物理上不了，建議兒子申請台×大物理穩上。我看前一年報紙，指考只需三百多分，還特別打電話去該校後得到證實。

「那申請做什麼？高二我就能考上了，閉著眼睛都能上！」

也有道理啦！申請又要時間準備繁瑣資料，專心拚競賽還比較踏實、划算。

脫線的兒子要老媽幫忙記一下物奧初試准考證號碼。

「幾號？」

「10741。」

「啊？一定氣死伊？」這還用記？

這下慘了，不祥之兆，媽媽驚訝的偷笑了一下。

「有什麼奇怪嗎？」

媽媽笑笑不敢講，怕影響考試心情。

第二天考完回來，果然一肚子氣，粗心太多，明明都會觀念都正確的……。

媽媽問他們班物理最厲害的那位同學准考證編號？

「10736。」

「果然好準，一定輕鬆啦！」

兒子笑一笑，當然，我們被罵烏鴉嘴！

後來兒子又過了複試進入三十人的國家代表隊，以前半成績可申請任三所大學，原本我們只申請離家近的台大及台師大物理系兩所，但媽媽覺得讓兒子到外地獨立生活也不錯，堅持又加了清大。

哪一所願意收留我們，就讀那一所。萬一都沒上，就只剩拚指考了，但時間剩不到兩個月可準備，也沒力氣了，到時可能也只是另一場裸考順其自然而已了，等待期間都看課外書，緊張、徬徨、無奈可想而知，心情很複雜。

哎！人前光鮮亮麗，人後珠淚暗垂……。

剛好有位媽媽讀者打過來。

「聽起來你們好像不擔心你兒子考上哪裡？談笑風生、自然輕鬆……。」

「我們都能接受他到台×大了……。」

「啊？連台×大你們也要？」—當然囉！也沒什麼不好，離家15分鐘。

直到有天早上導師特地打手機來，告訴兒子不要太興奮，申請第一所的台大物理系過了。

當晚太太打電話給台南的岳母，讓他們也高興一下。通話完畢後兒子大叫：

「完了，完了，阿嬤知道後等於全村都知道了。廣播器一啟動，音量比喇叭還大聲、播報比鬧鐘還準時、情節比新聞還誇大……。」

這麼嚴重？我看你比阿嬤更誇張！

學測後的寒假，班導師開車帶全家去環島輕鬆一下，我告訴兒子：

「記得提醒我喔！等買新車後再帶你去環島。」

「『環島』？我『跌倒』還比較快啦！」

打從我第一本書開始，一直強調的是盡力的態度而非一定要明星學校，因我知道孩子在做什麼，所以不是很擔心。

我可以接受你努力、盡力後考不好，卻無法接受你考不好是因為不盡力、不努力。

外界的眼光理應由父母來扛，讓孩子能快樂、甘願、踏實地做自己。想要達標？必備盡力的態度！

有時錯誤的抉擇也是一種寶貴的成長養分，只有早晚，沒有絕對的對錯！

請耐心聽聽孩子的聲音

兒子學測雖然五科只裸考69級分，但理科的數學和自然都是滿級分，英文14，申請藥學系超級好上。有天晚上在客廳，我不經意地對太太說：

「你兒子為什麼不和姊姊一樣去當藥師？以後兩個人可以合開一間藥局。」

在書房的姊姊聽到後馬上打槍：

「誰敢吃他配的藥？本來病人或許還有救的……。」

對喔！我忘了他也不能當醫生，萬一幫病患開刀，左手開成右腳……，那就慘了。看牙齒許久的兒子剛好回來，直嚷嚷：「等那麼久，沒事看什麼眼科？」啊？看牙科變眼科？果然不能當藥師，怕患者病情加重。有次暑假晚上的11點多，我們家四個躺平在床上聊了起來。

我對女兒說：「妳畢業後是藥師，媽媽是護理師，我是講師……我們一家都是師耶！」

這時姊姊問弟弟：「那妳是什麼『師』？」

「被雨淋『濕』啦！」

媽媽強烈建議兒子當醫師，或考中醫，這樣我們家四個師都用得上，剛好可以開一家診所。肥水不落外人田，那我負責收錢好了，順便演講，推廣教育當「軍師」。奈何關鍵主角拒絕，一家「四師」當場破局！

女兒聽到媽媽的建議，冷冷的乾笑了兩聲，又來打臉了。

「那種人開的藥有人敢吃嗎？」也對啦！脫線成那個樣子，頭痛看成經痛？

那一陣子我們全家幾乎每天躺在床上聊到近一點才睡，有次快睡著了我有感而發告訴兒子：「還好你生在我們家，不然這麼會讀書的人，大部分父母絕對堅持，逼你當醫生，怎可能讓你自己選擇？」

「也是！我比同學空間大，大家搶名校、拚學測，我空間大可以做自己想做的事。」他還談到有一位同學，父母要他做什麼行業，就故意唱反調不要那個行業，我反問兒子：「你爸我曾要求你一定要做什麼行業嗎？」

「沒有，你都不曾，只要求『態度』。」終於說出一句像人話了，聽起來還滿窩心、感動的。

「對！你讓我看到你的努力，這才是重點。」

哪知十八變的兒子到了大二又變到財金系，不當科學家了。

「有資格雙主修，你怎麼沒去『電機系』？很多相同學分可以抵掉。」

「我頭殼壞掉嗎？財金系才是我喜歡的，叫我修『電機系』？我自己學就可以了。」

一路上幾乎照著兒子自己想法走，不管是對是錯，有態度並盡力，我尊重孩子選擇，就算最後錯了也是一種成長，是過程、經驗、養分，並非是壞事，至少是孩子自己甘願走的，但努力及積極的態度絕對是基本前提。

尊重孩子決定並不是完全照單全收、沒有原則，不能無限上綱什麼都好的全盤接受。要會分析、適當建議，但最後決定權留給孩子。

我自己會分類成分四個等級而且要有順位：

一、孩子是對的，毫無疑義，當然「我會支持」。

二、沒有絕對的對與錯狀況下只是代溝問題，「我會尊重」。

三、有風險，在大人分析、建議及溝通下還堅持己見，我雖不認同，但趁年輕，有點失敗的經驗，學會承擔也是好事，就算是小錯「我也接受」。

四、絕對的錯誤或做壞事，這沒得商量，「反對到底」！

盛世習文，亂世習武是千古不變定律，雖然父母看得透社會脈動及趨勢走向，但也請耐心下來聽聽孩子的聲音。

要有主見，讓自己不後悔

了解自己要的是什麼很重要，考慮清楚千萬不要跟著同學一窩蜂，而家人的意見是參考而非絕對，覺得不適合該拒絕就要勇敢說不！

不可隨便、無所謂，三心二意像兒戲，時候到了就完全不是那回事了，選錯行業或死要面子可會讓自己痛苦一輩子！

先弄清楚這真的是我想要的嗎？一定要有目標，有所堅持！

兒子國中資優班有位女同學，一家四口都不會開車。有天爸爸問女兒：

「你的志願是什麼？」

這位女同學想了想，連老爸都不會開車，答開車應該老爸會非常滿意，於是回答：

「開計程車！」老爸難以置信，怎麼女兒志願這麼小？

「開計程車？再想想看有沒有再大一點的？」

「那我開『公車』好了。」

頭。

爸爸昏倒了，此大非彼大，牛頭不對馬嘴！就如曾有過一則對話一樣的無厘頭。

小明：「我從小就吃很多牛肉，所以力氣很大。」

大華：「這就奇怪了，我從小就吃很多魚，怎麼還不會游泳？」

什麼跟什麼？這都是搞不清狀況下鬧出來的笑話。其實也有同學非常清楚自己的定位而降格以求、高分低就，不隨周遭風向起舞，敢於對父母說不的。

有的能上醫學系的卻選擇物理或心理系，因為興趣、因為主見。雖然不多，但很了不起。

當紅歌手王力宏堅持不當醫師，一開始父母也極力反對。最後經親戚等說項才勉強同意，結果成為歌壇獨霸一方不可或缺的創作才子，成功以實際行動獲得家人認同、肯定。

大概四年多前的母親節，回老婆台南娘家，載著岳父母和孩子外出吃小火鍋，南部人非常熱情，老闆寒暄話家常外也好奇問孩子讀哪裡？

「啊！你兒子讀建中？這麼厲害！有沒有直接保送台大？要不要讀醫學院？」

「他沒興趣啦！要去演戲也隨他。」

岳母大笑，以為我隨便說說而已，其實是真心話，因為兒子太有主見了，雖然他成長路上不斷探索自己的興趣，但從沒把醫師這職業擺在選項當中，不動如山。不就是不！

醫師工作辛苦，生活品質也得有所犧牲，除了工作熱忱外，有使命感更棒。兒子班上成績非常厲害的一位同學，一直以來有個醫師夢，非醫師不當。媽媽叫他千萬不要，心疼獨生子以後太辛苦。

萬一太操勞身體出問題怎麼辦？你賺的錢多，以後爽到你太太而已……。

這位同學最後還是決定走自己的路上了台大醫學系，當媽的也只能摸摸鼻子接受。當然，班上狀況無奇不有，也有位同學一開始志不在醫師，只因指考不小心考太好，臨時順勢更改志願為台大醫的一員。將來會不會後悔？也難說！

當父母的只能儘量分析，多給些建議，但千萬不要替孩子做決定。萬一將來不如意，這一輩子都會怪你、賴你；如果是孩子自己做的決定自己就會甘願承受，也會長大，更能受到感動，進而振作甚至脫胎換骨。短空長多，後勢反而看好。

曾經聽過一位護理師認識了一位相知相惜做生意的男友，後來卻嫁給了一位也在追求她的醫師，因為父母認為醫師條件比當時男友好。可是婚後卻被先生限制這不行限制那不行，生完三個又被嫌臃腫，後來更發現先生竟然有小三……。

結果，當然就開始怪父母囉！卻從不怪自己沒有主見。

每個人個性、興趣、追求都不盡相同。有的人覺得穩定、平淡、不煩惱的過一生，不必大富大貴已屬圓滿。幸福、滿足，平安、健康、快樂就好，知足常樂型。但有些人一輩子追求冒險、挑戰極限，不屈就平凡及傳統束縛，不甘於默默的來、默默的回去，有使命感，一定要有一番大作為，要發光發亮、光宗耀祖，甚至拯救地球、改變社會才對得起自己及社會似的，追求的是人生意義，要有自己的定位，這種人也許浮浮沉沉，是M型兩端。

正如我兩個孩子個性南轅北轍，一衝一守。

女兒乖巧文靜、單純善良、憨厚認分，丁是丁，卯是卯，一點也不馬虎。任勞任怨、使命必達，適合上班族或公務人員的朝九晚五。

而兒子喜好新鮮、變化、挑戰，受不了常規約束，不喜歡太固定穩定、太順利簡單的工作及生活，更別談被公司綁住一輩子。

「如果老闆都比我笨，我還要聽他的話，那我豈不是更笨？」

太有主見，難以受雇於人，寧為雞首，不為牛後；不想過一成不變的日子，不願為五斗米折腰受人指揮看人臉色，時間須彈性自由……，我看只剩自行創業，做自己時間主人一途而已，等哪天混不下去繞了一圈才肯乖乖的甘願走回務實。

兒子曾告訴我：

「爸！同學都好煩惱，我也好煩惱。別人煩惱選擇太少，我煩惱的是選擇太多……。」

聽不下去，心臟不強的父母可能受不了過程，而常產生衝突，但我知道孩子絕非眼高於頂、空腹高心之輩，只是太有自己想法及使命感，老天爺要我來這裡一定有其目的，一定要做點成績才不會對不起自己，不甘於平淡一生！

一個四平八穩、穩紮穩打；而另一個可能大起大落，時好時壞。個性可以不同，但絕對要有一個共同點：要有主見，讓自己不後悔！

美國人是這麼講的：

「當一個人知道自己想要什麼時，整個世界將為之讓路！」

冷、熱門？還是**以興趣為優先**考量！

曾有位讀者以前考上很後面的私立大學，大家都要她重考，但她很堅持想學的英文相關科系，後來居然做到某上市企業祕書，除了年薪上百萬，股票又分紅。

我們都了解，選擇很重要，一翻兩瞪眼，有時結果很殘酷，但也不必太緊張。萬一真的抉擇錯誤，也是過程不會做白工，反而更了解自己而更堅定、更篤定、更堅持。只要態度對了，持續保持熱忱，怎麼跌倒、怎麼慢都會到！

人生有無限可能，有時也不必被單一職業綁住，體驗更深、歷練更豐富，只要不放棄，冷門也會變熱門；相反的，不及時把握老天爺給我們的幸運及機會，沒有危機意識、滿足於目前的舒適圈，不再持續努力成長求變化，就算現在熱門早晚也會走入冷門。不只興趣，也要考量自己能力能否勝任？

世界趨勢瞬息萬變，冷熱門很難說，多年之前有人分數只能上冷門語言科系，剛開始很茫然也不知道畢業後能幹嘛？後來才發現有別人少有的語言優勢，之前從沒想過韓語、俄語、阿拉伯語……等系也能有一片天。以往極冷門的農科，也因政府推出「獎勵高中從農方案」而不冷了。為了興趣還有大學畢業回頭念高職的呢！

世事如棋局局新，我們一開始要建造高速公路之初，多少人批評是為有錢人開的而反對？而今？必備、塞爆！連廚藝、觀光等也都曾是被打入冷宮的；而在我國小那個年代，許多人的第一志願搶破頭的教師職現在卻因少子化縮編，有的還在流浪……，找不到工作。

婦產科及小兒科更是經典的對比，很多職業是從天堂掉到地獄。

近四十年前童裝號稱「無貨底」（不會有存貨），因孩子多，生意好到常缺貨、搶貨，是所有服裝當中最火紅的，每到假日店裡一定「人滿為患」，我當時的前雇主太自恃、不懂得珍惜，因嫌零售太煩了，居然趕起客人來，只願批發給大客戶。而今少子化，門可羅雀的一大堆，前雇主也早已倒閉了，童裝界一片凋零哀號之際，我也順勢轉型到教育領域。

想當年17歲，換了好幾位雇主，被笑沒定性、吃不了苦。我的床是打烊後的工作桌，有時須工作到凌晨兩、三點，日做半天，月休兩天，年前一個月禁休也沒加班費，還曾睡過天花板的夾層，高度不到一公尺，只能用爬的進去睡，通風不良更別談冷氣了，是辛酸也是養分，我一直告訴自己，咬著牙根再苦再累也要撐過去，不然會被笑一輩子！

原來，冷或熱這一線之隔的肯定或酸言，在於自己的努力程度而不是對方的嘴巴。要爭氣、成功，讓酸你的人自動的把話給吞回去！

十多年前的一則真人真事。曾有姊弟二人，姊姊一路非常優秀，醫學系畢業，一路熬到主治醫師，一個月30多萬。而弟弟考得不好，上不了公立高中。高職讀了三年後，大學也只上了當時極冷門的休閒管理，媽媽很不諒解也無法接受，更是擔心。怎麼辦？和姐姐差這麼多！

補習班老師覺得就按他的興趣走，強逼也沒用。當初媽媽很不諒解，老師卻很支持。創業多年後，媽媽也想不到兒子的年營業額是兩億，狠狠的把姊姊比了下去（這是大壓小、和誰比的比較問題）。結婚時還特別派了一輛高級車接懂他的這位恩師。媽媽吃醋……媽不如師？沒車！

有人習慣安定生活，有人喜歡挑戰，追求人生意義及工作成就感，挑選快樂或精彩？這都尊重。

其實選校是一回事，選系是一回事，走入職場了又是另一回事，有可能和當初想的完全不一樣！選校或選系，要看個人特質性向。

興趣明確當然選系，反之則不一定。也有許多人以職業薪資高低作為選擇標準，真正工作後有的會開始懷疑起人生意義價值，茫茫然不知自己在幹嘛？生活覺得非常無聊、無趣、迷茫，難道我一輩子就這樣而已？

剛考完段考的兒子告訴我，有個學長，電機系碩士畢業，現在做保險。

「為什麼？」

「可能當初跟著社會趨勢填第一志願，而畢業後工作性質並不喜歡吧！」

除非真有熱忱，不然只能當個「三等」公民：「等」吃飯、「等」下班、「等」薪水？那不就等於是在等另一個更難聽、更不吉利的字（這個字我不想講）？成為「四等」公民？

最幸福、最幸運的人是自己的興趣剛好能當飯吃，那萬一興趣養不活自己呢？聰明人就會退而求其次，以不興趣或不排斥的薪水來養活自己的興趣！

戲棚下站久的人的，三年一閏，好歹照輪。十年河東轉河西，乞丐也有三年的好光景，冷熱門道理也是一樣，只要本身熱忱不冷，條條道路都是熱門！

考慮職業冷、熱門？有時倒不如先想想自己態度的冷、熱忱更重要吧！

孩子甘願，才會對你服氣

多年前，我記憶猶新。有一忠實讀者打來家裡。

「很好奇你們家孩子多大了？」

「一個國中，女兒高一了。」

「你們一定是北一女喔？」

「沒有啦！我們沒去考，免試直升中山女高……」

當初前三志願中，我最排斥的就是中山，不是不好，是因為通勤就要二十多分，嚴重犯了我的大忌——浪費時間，但還是尊重女兒的最後決定，並沒有要求女兒一定要讀只有一半車程的北一女。想不到女兒在中山讀得非常快樂又精采，認真到獲得免費日本八天七夜的交流機會。

兩個孩子之所以那麼對父母尊重，是因為我們尊重孩子在先，而非學到大人的咄咄逼人，這是一個身教的善循環。

我一場兩小時的演講被問到成三小時是家常便飯，雖然很累但很有成就感，就曾有一位媽媽會後單獨就問了一個半小時才把心中的結打開。

「我的女兒成績那麼好，居然告訴我要去念高職？高分低取很可惜，分數高應該去上高中才對。」

「她什麼理由？」

「希望有一技之長。」

「也沒錯啊！」山有泉水才美，人有技能最好！

「但我希望她上高中升大學。」

「那你持的理由又是什麼？」

「我想要她在好的高中，同學素質較高的環境學習。」

有時候聽起來雙方都沒錯，但永遠無解。我聽得出癥結在哪裡，知道怎麼下解方。

既然你女兒能考上好高中，以此條件相同分數她反而可以上更好，甚至最好的職校，那環境及同儕素質反而更優秀，哪裡不好？很好啊！以你的邏輯，擔心的問題就不成立了。我看是傳統觀念及面子問題吧？只是不好意思講太明白。

如果是我女兒，會按照她的意思，但唯一條件，高職三年成績不能掉下來才能進可攻、退可守。萬一後悔還有退路可走，現在升學管道非常暢通，考科技大學或一般大學都沒問題，不認真才是大問題。如果能接受我的條件，我也可以接受你上高職，先尊重你讓你甘願、心服口服。不然上了不喜歡的高中混三年也沒意義。另外一個萬一是在高職如表現不好的話，那下次就輪到我說話，換你要尊重我了喔！

講到最後，這位媽媽才若有所思的懂了，演講是晚上九點結束，結果我十點半才走人。

其實願高分低就的也不少，理由五花八門，但主要條件就是要適合自己最重要，不要被面子及傳統觀念所束縛而後悔，有興趣才有動力做到更好。

曾有位讀者問我，常看到新聞報導說現在很多父母觀念改變，不再認為技職是不會讀書的孩子才去念的，因此出現捨建中而擇有一技之長的大安高工，將來再讀技職大學仍是大學學歷，只是過程不同。

高中大學學的仍是理論，技職體系則有謀生技能。孩子還小，不知道未來社會的狀況，只憑自己的感覺來決定，「您都不擔心？」因為很多孩子與父母為此而爭論不休。

「如果重新來過，假設你兒子選擇大安高工而非建中，科技大學而非台大，您仍然尊重他的選擇而不會苦勸他嗎？」

每個孩子個性不同，適才適性非常重要，孩子意見和我相左，我會分析、建議，不希望我的苦勸造成壓力及一輩子的痛苦，先把面子擺一邊，雖然不符社會期待。

可是我會要求，請做出成績來說服我你是對的！

萬一選擇錯了呢？從小我們給孩子的態度及基礎能力一定能夠重來，只是慢一點而已，會更成熟、會更甘願。也學會自己承受，不會也不敢怪我，這也就是我們能一路帶到心的關鍵。

曾當面告訴兒子，如果一定會失敗，那請早一點、快一點，趁爸媽還在，可以陪你走一段。你去闖吧！不要被我們綁住。

我不會逼你、威脅你，而且會讓你甘願、心服口服，只要孩子的態度是對的，基礎是夠的，肯努力非躲避，對技職有興趣、有熱忱，我一定支持。中間過程如果後悔，只要努力不變，孩子想要，重新來過的態度及意志反而被激發出來也不是壞事。

想當初我們也曾要兒子讀對面的社區高中即可，壓力不必那麼大！但他非建中不讀，劍指「科學班」我們也尊重。所以，我們會分析利弊得失給孩子參考，但最後的決定權一定會留給孩子。就算錯了，也學會了承受，這都是父母及孩子成長的一部分過程。前提是你一定要非常認真來說服我支持你的決定，讓我看到了你的「盡力」。（希望不是只有努力而已。）

讓你甘願、心服口服，這是相互尊重的最高境界。

在努力的前提下，一開始我會讓你闖、讓你飛。成功了我恭喜你，如果失敗了就乖乖回來做你當初不願做的事，這就是甘願。而不管成功或失敗，孩子都會感恩父母一輩子的包容、尊重。

哎！明明得側睡才能睡著，一定要規定我平躺嗎？我根本難以入眠，這又對了嗎？那，對不對又是以誰為主呢？覺得對的人，還是我自己本人？

轉個彎是慢了點，遲到總比沒到好！

小時候很羨慕同齡孩子會騎單車，而且不必跨上椅座前即能以左腳邊站邊騎，很優雅的把另一腳慢慢跨上去，姿勢滿分，我始終學不來，總是卡卡的。

後來想開了，只要會騎，姿勢難看讓人嘲笑也OK，於是我到了17歲才會騎單車，而且一定要先坐好才會騎，雖比別人較慢了一步，但終究能到，不影響騎機車平衡及開車的能力。

兩條路如果都能到，我可以直行再右轉，也可以先右轉再直行，既然都一樣，我比的就是等紅綠燈秒數了，這叫變通。

每次載孩子上學，在國中時期，一開始總是笨笨的死頭腦直行，遇到紅燈就笨笨的等，尤其有個三分鐘的複雜路口，認為直行過了這個紅綠燈右轉就到了，很快、很順又符合人性。後來我修正為綠燈就直行，遇紅燈有右轉燈直接先右轉再左轉直行，轉個彎一樣能到，不必硬等，更快！

有次到新北市一所小學演講，兩小時完畢後一位志工媽媽跑來告訴我：

「你講得很好，如果今天不是你，我通常一半就開溜了。」

是一位退休老師，一路上包容、感動了兩位女兒。其中一位女兒都快被當了也沒罵她，就因成績太差老師還甩了她一巴掌……。

「沒關係，是老天爺給你的考驗。」

結果人家現在當總經理，非常有成就，月薪30萬。為了感恩母親，每幾個月一定從美國飛回來噓寒問暖，孝順至極！

談完她女兒的故事後，特地買一套我的書送給學校來肯定我。

許多事情不繞點彎就達不成，這是必經過程。有天晚上七點我家無預警停水，原因不明求救無門，水塔是空的，水電老闆說明天才能修。我有兩條路可走：第一繼續等，也許有奇蹟；第二借水或到同條街我店裡載水。等到八點多終於水莫名其妙的來了，好興奮！到了九點要洗澡時又突然沒水，我要繼續等嗎？萬一不來我如何在十一點準時睡覺？作息整個會大亂！我當機立斷決定走最累最笨卻最務實的方法——去載水，但我一直希望有第二次奇蹟。等到十點確定沒水來，決定走人。我要的是雙重保險而非兩頭空！寧願去載有水來，不願沒行動而水不來。

載回來已十點半先讓太太洗澡，我墊後。近十一點我好奇的打開水龍頭，哇！水來了！

要笑我很笨嗎？那是事後諸葛！誰也無法預知水會不會來？但我知道，我不去載水，水就會故意不來；同理，你不讓孩子甘願去闖，成功也不會來！這就是過程，就是「莫非」！要有所動作，不是坐以待斃！寧願有積極作為，水快來慢來都不重要了。

那，堅持孩子讀某校或某系最後結果就一定對嗎？你認為孩子很笨，可是他自己並不認為，萬一結果又不如意？怪你一輩子！水可以賭，可以不來，孩子的前途我不賭，一定要來、會來、快樂甘願的來！

人生就是如此，學業、職業的選擇何嘗不是？我自己亦非一路順暢，也是轉好幾個彎。不景氣、不得志、沒錢、沒學歷……都不是理由，不努力才是！

腿很短號稱身高一五〇的太太常掛在嘴邊說如果不是嫁給我，她會一直進修讀上去，最終目標是老師……。

「哇！老師？好可怕！站在講台後面講課誰看得到你？」

「你管我！」

也有一些令我好奇的例子，讀第一志願的當老師，第二志願的當主任，第三志願的當校長……，有的大企業家連前十志願都沒有。看眼前還是最後努力成果？

奇美創辦人許文龍先生高工成績，班上20位永遠第20名，有一次居然是第19名嚇了一跳，只告訴母親進步一名高興一下，但沒說有位同學轉學了。

太太有次很納悶，「奇怪，在國高中時期，比我成績落後甚至有的淪落補考的，現在都是主任、總經理……。」

原來，很多退伍後還繼續進修、讀書、考試……。她許多同學都高升了，校護、護理長、教授……，不只是停留在第一線的護理師。和我結婚後斷了高升路？其實都沒錯，只能說塞翁失馬，焉知非福？失之東隅，收之桑榆啦！

拿我自己本身為例，因為輟學一路上非常後悔，但我一直很用心很努力的做好每一件事補上來。

後悔的人後續動作通常分兩種：一種人是認了，成天自怨自艾、自暴自棄，總抱怨自己懷才不遇而終其一生；另一種人不認命，就因輸在起跑點，中點及終點一定不能輸，更應比別人更打拚。

有時和別人同一條路在跑卻久久繞不出來時，不必硬碰碰，不必執著於這同一條直路，轉個彎找到適合自己的點還是有機會逆轉勝，至少能與他人平起平坐，不會差人太遠！

可以後悔，但不能後悔之後的後續就沒動作、沒下文、就認命了，就像搭手扶梯，你落在別人後面不動，當然永遠落後到終點。有的人不服輸往左一靠努力爬，要超越不難。也不必後悔當初沒怎麼做，而是該思考接下來我該怎麼做！

能反省再奮起，能與他人平起平坐甚至超越才是王道，絕不再讓自己後悔第二次！甚至慶幸，還好有這個「後悔」，讓自己下定決心、痛定思痛，急起直追，迎頭趕上。懷才不遇？是努力不夠、積極度不夠！

轉個彎是比別人慢了點，但如不怕苦、願意累，要有熱情及夢想，放對位置，每個人都是天才。

調查官盧蘇偉昔日智商70，花七年考了五次才上警大；英文名師賴世雄大學聯考英文只考7分；有人放牛班苦讀到博士；國中基測分數考不到一半，卻能在世界烘焙賽奪牌；小學畢業歐巴桑也能成為補教英語名師……。

「雖然我走得很慢，但是我絕不後悔！」林肯是這麼說的。

還要再問我「來得及」嗎？我願不厭其煩、苦口婆心的再告訴你一次：只要開始改變，永遠不嫌晚！遲到總比沒到好！

在我周遭一真實例子，為了找到好就業、薪水滿意的行業，這個人居然大學可以轉三所（從公立轉到私立，從選校改為選系），換了三個科系，總計讀了10年才畢業，年紀一大把才找到自己定位，浪費幾年總比浪費一輩子青春好。不滿意？重考再轉也是選項之一，但如果興趣和薪資高低或出路有所衝突時，那就看個人抉擇了。

沉得了氣下功夫，先蹲後跳。大樹能夠參天，小樹也一樣能成茵！大隻雞慢啼，不鳴則已，一鳴驚人！什麼路都可以走、可以到，只有一條不行！這條路叫做「放棄」。

人生每個階段都有可能反敗為勝！永遠不能放棄自己，只要不放棄，希望就存在。不怕失敗，就怕不做，今日不做，明日就會後悔。

沒有後悔藥，該思考的是，接下來應該怎麼做？

參加社團須考量自己的
興趣及能力還有取捨。
女兒大三時拿到的網球
冠軍獎盃。

PART 3
瘋社團或顧課業？
一加一要大於一！

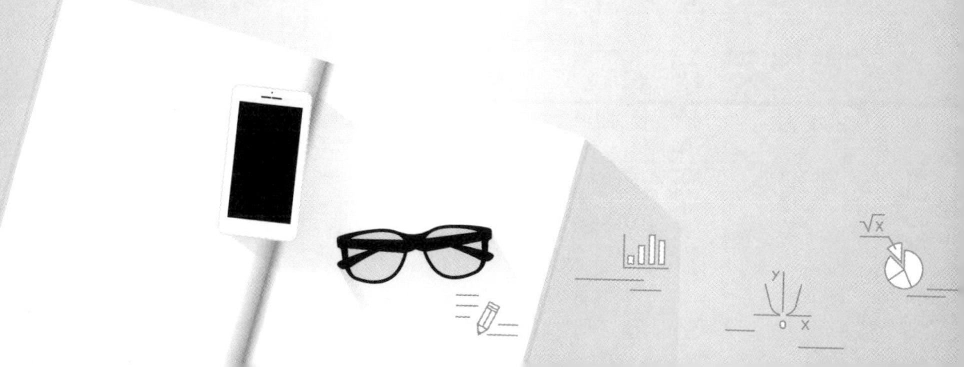

瘋社團，那課業呢？

抉擇真的很難，每個人當下狀況不同、能力不同，選擇自然不同。只能一路上變通修正，冷靜思考一下，到底自己真正要的是什麼？沒有一定的標準答案或對錯，但還是有一定的準則及脈絡可循，甚至有一點機緣及賭注成分在裡面。

太多太多的爸媽說高中的孩子社團玩太瘋，放學、寒暑假都有事，變成沒時間讀書，問我怎麼辦？

還有一位高一生，第一次段考就兩科不及格了，第二次段考更慘，僅三科及格，孩子喜歡社團，視野變寬闊凡事新鮮，如脫韁野馬不受控。雖親子關係佳，常耳提面命做好學生本分，但媽媽很憂心，要求需懂得分配時間，至少要維持在班上前50％。孩子說會「盡力」，但似乎難度很大，問我有沒有較好的建議？

盡力？是替自己預留空間嗎？為何不肯定回答「我一定會」更有魄力及說服力呢？

我給孩子的觀念很清楚，有能力參加社團就不能犧牲課業學習，沒有模糊地帶。其中一邊不好表示沒有盡全力分配好時間比例或能力不足，這時就要有所抉擇了，除非讓我看見你的努力，這是態度問題無從打折！

基本功不夠才是很受挫的主因，這就是我為何一直強調須提前學習，存下時間高中好辦事，但聽得進去、願意先辛苦的人畢竟不多。

不同的孩子有不同的選擇，要以當時狀況下判斷分析，我個人準則大概如下：

第一類：魚與熊掌能夠兼得最好。女兒藥學系有一同學非常優秀，高中考上北市第二志願，後來市長獎畢業，國樂社很忙卻是能兩邊顧好的人。能力夠強的黑馬，我真的鼓勵多參加社團成長，不必囿於課業轉圈圈。我們都很羨慕會讀書又會玩的孩子，但此類孩子畢竟不多。

第二類：當孩子有某方面特質、天賦又有興趣時，我會建議往社團走，我選天賦。課業我們盡量、盡力，只要看見努力，分數變小事了，我接受。

第三類：沒有什麼特殊才藝，只是新鮮興趣好玩，社團和課業間吃力難以兼顧，我會希望孩子專攻課業為主，才不會兩頭空。等上了心目中的好大學後，社團多的是、時間多的是！踏實、穩當！

第四類：只是愛玩、瘋社團，也搞不出什麼名堂，（還藉口沒時間看書）分數也直直落，掉得很嚴重，這時真的要有所取捨了。勤有功，戲無益，因為什麼也沒能留下。如果有，那就是後悔了，這狀況是父母最擔心的。

我兩個孩子屬第三類的變通型，算是第五類吧？自己想要的自己會想辦法安排硬擠時間突破、撐過，以實際作為證明成績不會掉，只要掉得太明顯一定回頭以學業為主。

「樹頭顧乎哉，不驚樹尾做風颱」！我常告訴讀者，「因為兩個孩子完全沒有才藝或天賦，只好認真去讀書的。」大家認為我謙虛，但，這是實情。

女兒自曝「我是那種有讀才有分的人，我也想選社團，但功課一定爆掉，所以只能二選一」。

要懂變通、要會盤算，才能把效益值放到最大。我們分兩階段走，前三學期以社團偏多……課業儘量抱持不掉太多（還好我兩個孩子寒暑假有提前自學習慣）；二下起的三學期以衝刺課業為主（以考學測算，剩二學期）。

有的同學瘋社團，賠掉了大學考試而後悔不已，三思、三思啊！（除非很有自信不受影響）

有次女兒談及班裡上次第一名的同學考不好，回家大哭一場。

媽媽說：「你要在這裡哭，倒不如去準備明天的科目。」

「我在傷心，你不會安慰我幾句嗎？」

「要安慰的『話』不會自己講給自己聽喔？」哈哈！這位媽媽還真幽默！

原則：態度有了，認真努力的孩子我選更進一層的「能力」；反之，我的孩子如果是貪玩不務實型的，我選課業！從基本做起培養態度，至少不會差人太遠！

不要未學走路就想先學飛？沒摔死也半條命！什麼都想要？什麼也要不到！

一加一要大於一，才有加乘效果！

一位朋友的孩子以班上第一名之姿考上了第一志願，到了高中的名次卻和國中差很多，心中落差很大，開始變得不喜歡讀書去搞社團找回自己的成就感。社團不是不好，而是課業也要兼顧不能捨本逐末，根基須打好，不能拿社團忙當藉口而偏廢學習。

朋友開始羨慕我們了，誇讚還是我們睿智，知道從小提前學習就有時間搞社團。孩子高中了也講不動了，吵架也吵不過他，只能默默祝福、祈禱奇蹟出現。

參加社團是拓展、撐大自己的視野及能力，縱然減少讀書時間，功課也不能失衡差太多，尤其高二下起就得收心，慢慢補上來。我一直堅持一加一要大於一才有意義，多學習、成長磨練是好事，要有加分效果，不能犧牲課業來成就社團，不是一個換一個等於一，更不是一減一，兩頭空那就更慘了。

前不久一位爸爸律師在演講中途舉手問我「社團和功課怎麼選邊」？

孩子有興趣社團多學很好，但你多學了一項不能放掉一項，不然也只是平盤而已，除非特殊狀況。犧牲課業來成就社團有的甚至連基本也沒了，和當初設定的「多學一項」不同，有違初衷。（除非孩子有特殊天賦，放掉課業我也願意。）

你喜歡社團，我認同、我支持，為了你的最愛，你一定會想辦法使盡全力度過非常時期，努力讓自己成績不掉來換取我的永續支持、認同，證明自己的熱愛及決心！不然，表示喜愛程度還不夠！

因為你明知道分數掉下來父母一定有意見，那豈不是自我矛盾？那又如何說服父母支持呢？難道先敷衍再說？九十九分努力是基本，我還會考慮個人特質，天賦那關鍵的一分就像選擇才藝或課業的原則一樣，不是二分法非A即B或非B即A這麼單純，大部分的孩子努力度是沒達到標的，那又如何化解父母的擔憂及疑慮呢？要知道責任、義務是相對的。

「天才是一分的天分，加上九十九分的後天努力。」這是教科書給我們鼓勵的話，強調努力的重要性，愛迪生的本意真的是這麼認為的嗎？

「天才是百分之一的靈感加上百分之九十九的汗水。但那百分之一的靈感是最重要的，甚至比那百分之九十九的汗水都還重要。」

對的！往不往才藝或社團走，我會看孩子是否擁有這一分與生俱來、無可取代的天分特質！

「你的回答有解決到我的問題，多年來的矛盾終於有答案。」除了感謝外，會後又聊了半小時。

有位孩子瘋手語社，花太多時間，媽媽怕影響功課而干預，引起兒子不滿及嚴重反彈，向媽媽抗議：

「我品行也沒變壞，為什麼你要干涉我社團？」媽媽無話可答。

電話是太太接的，這天我剛好去基隆演講。

「我的孩子還來得及嗎？」

「社團沒什麼不好，只要成績不要差太遠，不會白做工，以後這些能力都會連結，說不定日後他還以這個吃飯，你能說不對嗎？」太太提出自己的觀點。

這孩子只說品行沒變壞，但避談父母擔心的功課議題，殊不知這題才是關鍵癥結所在，偏偏媽媽又不會回答。

人生很長，不是品行好就好、就夠，那只是進社會最基本的入場券，進場後每個人都想搶到最佳位置，這自己想要的位置不會是以品行好壞獲得，而是以第二階段的態度及能力，如果品行不好連第一階段入場券都不可能有！這就是我演講時一直強調、一直強調，「教育」不是只有品格及課業而已，這不夠！

至少還包括習慣、態度、健康、情緒、能力及道德標準總計八大項。我讓你甘願，換你讓我放心，這才是公平、雙贏！

有建設性，對往後人生有絕對幫助的難得機會，我會大力支持並鼓勵，因為和功課比起來，重要太多了！

當初女兒高中被日本交流協會評選老師選上，到日本8天7夜，就算功課重也一定要去。而對於純粹抒壓的玩樂，剛考完的放鬆我也沒意見。但都要月考了，有些活動就必須斟酌取捨，這是態度問題！

女兒同學就有人社團玩太瘋以至大學考不好，還有人必須重考，就看個人覺得值不值得了。

如果影響到基本課業，退步甚多就是錯，我無法接受，除非你讓我看到另一個亮點。年紀輕輕趁這機會學習抗壓，高中就想放鬆？那是假的、虛的、表面的、一時的，逃避、找理由，要真放鬆，等考上了大學再說，這才是真的、踏實的、快樂的！

我兩個孩子曾經社團好忙好忙，每天九點、十點半才回到家，假日也有團隊，寒、暑假課外活動更多，我從不廢話一句，因他們做好自己本分，功課沒掉太多，這是我們家的不變定律，孩子很清楚我的界限及底限。

奉勸各位莘莘學子，如果和父母意見不同，而自己又極想參加社團，那請拿出全力、實力顧好學業來說服父母支持，以成績化解家人擔憂贏得信任與肯定，證明自己是可以的，要做就要做到最好，才叫真正喜歡！如果做不到，沒那個「卡撐」就不要吃那個瀉藥！

左手畫圓，右手畫方則兩不成，因甘蔗無雙頭甜！有認真的基本態度我才會放飛，不然請從第一動做起！黑馬不多，除非能證明自己是那隻黑馬，那我佩服並支持你！

只能二選一？我選可以帶著走的能力！

社團就是儘量要達到專業水準，要比賽、要表演、要練習……，上學前、放學後、週六日、寒暑假……，除非興趣熱忱，不然再多時間也不夠。像面臨大考前一直重複寫練習題一樣，達到精熟才有辦法浮出檯面，自己要衡量兩邊的拉距。

有自知之明的女兒很清楚自己無法兼顧，讀書一定得靠假日，所以高中一開始她選擇最不耗時間，不花放學後及寒暑假的桌球社及日語，以免兩敗俱傷，社團等到大學後再補上來。

有天太太對女兒說：

「高中了，要多培養能力。如果為了培養能力，不必斤斤計較分數，態度有了，我不在意你的分數。」

意思是功課維持一定水準就好了，至少不能有紅字，不必求名次，認真就好，鼓勵女兒多參加校務，不然空有學歷而沒能力還是難以在社會上立足。當然，到了高二下就得回到現實面的課業，但有的孩子陷進去卻出不來了。

女兒知道提前的好處，高中第二外語選的是日文，

「我一定要在寒假預習日文，下學期就會比較輕鬆。」

每週六上午得花4小時上日文課，每次分數都很高。

人算不如天算，原以為平靜的社團抉擇就此落幕，哪知學校海選大衛糾（衛生糾察）？每當有大型活動要負責所有動線安排、秩序維持及衛生組雜物處理。老師說經過訓練及磨練，一年後會成為大力士，因為要搬重，大包小包的垃圾在太陽底下須刻苦耐勞，這方面也是女兒需要的。

猶豫了好久，也知道高二的成績一定會掉下來，這時的能力培養是勝於分數的，想起媽媽告訴她「學歷是一時，能力才是一輩子的」，全校名額只有五位，在校成績要有一定水準，不然初試就會被刷掉了。女兒一路闖進複試，通過了學姊們五花八門的口試，原本不想去選的女兒還被學校組長指定為隊長。

這位組長也不知哪來的消息，知道我出書，直覺這麼重視成績的家庭怎麼可能讓女兒來？平時晚回，週六日、寒暑假……佔掉許多讀書時間，萬一分數掉下來……

依照傳統，大部分都找文組來，因理組課業卡很緊，怕家長不同意或責怪。偏偏女兒是最忙的類組，又多一科生物，老師考慮好久，堅持她為隊長，只因信任

及態度。但真的花太多時間，為了學校出借場地大學學測就花了一天討論、沙盤演練，再加上週六、日也不見了，早去晚歸，更別談有時間看書這回事了，沒有信念及熱忱是做不下去的。

有次北北基大考收拾場地，一回到家直喊累：

「喔！事情好多好累！在太陽底下工作好熱！」

「你才知道？所以一直要你們好好讀書。」媽媽順便來個機會教育。

有次週六因太早怕沒公車，我六點載她到校門口，並沒有馬上離開，我很好奇故意躲在門口看女兒工作性質到底是什麼？只見她進校門後沿路看到垃圾就撿，女兒的頭銜是「大衛糾隊長」，乍聽之下好像很大，這麼響亮、這麼好聽，原來就是撿垃圾的？我故意揶揄她。

「你幹嘛偷看啊？那只是一部分、一點點而已，在幫忙啦！其實我們都在指揮學姊、學妹如何整理資源回收分類啦！組長說這一年我們的手臂會變得很強壯，很有力氣搬垃圾。」

有次週日阿公來台北問女兒「不在家啊」？

「去學校撿垃圾啦！」

回到家後的女兒很不服氣的糾正我：

「什麼去撿垃圾？我是叫人撿垃圾啦！」

大部分的能力進階很難在教科書本上得到，所以在高中媽媽鼓勵女兒要學什麼都去，只要不學壞，都大力支持。當幹部很累？去！大衛糾很忙？去！優良學生選舉拉票很不好意思？去！上學校大獎台自我介紹很怕、很緊張？去！……通通去，只要功課不要掉太多。

我雖然不反對，但老實說，心裡毛毛的，也會怕是場豪賭，嚴重壓縮了睡眠及看書時間，這違反了我一直以來的原則，想不到女兒看穿了我的心事。

「我看你好像不是很支持……。」

「我……還幫你想口試台詞，這樣還不算支持？」

「你也沒很支持啊！？你態度啊……！」

孩子長大了，心思細膩，觀察入微。哎！被自己女兒嗆！我的憂慮在孩子心中變成不支持了？

我確實放不開，還是有點怕怕的。拜託！我這樣讓步已經算突破了，以前我是把全副精神全放在課業上的人，如果到了高中還是如此，很容易培養出只會死讀書卻沒有處事能力的孩子，太太一直提醒，我也一直做修正，願意接受、願意改，所以在教育上較無死角，記得我還曾被太太訓了一頓呢！

「不要死讀書，現在高中了要有能力！你們可能與生俱來就有這個能力所以不珍惜，但我從小就是缺乏這種機會。我有能力但不敢踏出第一步、不敢勇於表現、不敢當幹部、不敢發表自己看法，所以欠缺一部分。現在女兒有這個機會你還不支持？笨啊！笨啊！豬頭！」

我？豬頭？

大衛糾超忙，學校當考場就得去一整天，學測、英檢、畢業舞會……，什麼都有事，也就是說學校有事你就有事。身為隊長更不能混或放給隊員做太多，早去晚歸、身先士卒！

躲得了初一，躲不過十五。該來的還是會來！

第三次月考內容超多，歷史只考60多分破了紀錄，週五段考考完，女兒回家直言「解脫了，好輕鬆。可是星期一發考卷後就落寞了」。

也不知偷偷哭了多少次。

有天回到家又哭了，成績落差太大，之前引以為傲的數學都90多，這次居然58！全班2/3不及格。晚餐自己說著說著就哭了，看她哭成這樣，媽媽也安慰她：

「沒關係啦！盡力就好、弄懂就好了。」

太難又睡眠不足，連鎖相關題，第一小題錯以下全錯，第一次不及格，人生就是這樣起起伏伏也正常。我們也很掙扎很徘徊，如果再一直掉下去就要思考一下是不是應再撐下去？

高一下功課掉了不少，學校老師還問她是不是因為大衛糾的關係？我個人原本也非常排斥她參加耗時間的社團，怕影響功課，但看她這麼努力規劃，我當爸爸的自然也沒話說了。

此時此刻孩子態度一級棒又正向，也很認真努力，家人的心態、支持及配合度很重要，那到底要的是什麼？

我們全家一致選擇「可以帶著走的能力」！

想辦法**挑戰或犧牲**課業成就社團？

當上了大衛糾隊長，女兒高二被學校推薦至日本環境教育研習交流，又要忙反反覆覆、來來回回修改的初審資料而蠟燭多頭燒！

準備了好久，所幸初、複試（面試）都通過，獲得全省僅20位免費八天七夜的日本經驗。

時間嚴重的壓縮，少上課一週，女兒提前一週找老師先考小考，提早起床讀書，連出國前一小時都在用功補回來，試圖把衝擊降到最低。

女兒一位要好同學的舞蹈社常比賽得獎，花很多時間練習，但只要一有空就讀書不敢喊累，成績也始終維持在中上，可見一切還是回歸到基本態度，社團忙成績掉有時只是藉口，差別在每個孩子的積極度及父母的配合度。

女兒沒有放棄任何一邊，而是想辦法突破，撐大自己的極限能力。她月考前兩週，每天鬧鐘撥五點，媽媽說不要那麼早睡不飽，「那五點半好了」。

留夜自習到九點二十，離峰公車難等，為了爭取時間，那時我還每天晚上載她回家，就為了省下20分鐘多睡一點，雖然我自己已經忙翻了，但孩子需要睡眠，至少這段非常時期要陪孩子走過去，會感受到家人支持的力量，這就是感動！

從日本回來馬上啟動相同的戰鬥模式，朝五晚十，試圖把失去這一週補上來。「從來沒有這麼忙過，現在才知道國中好輕鬆，才感受到能睡覺好好喔！」女兒有感而發道出心聲。

這時媽媽還告訴她小時候立志長大要睡到自然醒！想當初國中也是每天五點起床，鄉下地方天還沒亮就出門，六點不到就騎自行車到校讀書。婚後過了八年多自然醒的日子直到孩子上小學，也順便告訴女兒：

「要有能力睡到自然醒，好好讀書、工作，給自己一個好環境，不然當初我當豬就好了。」

能「睡到自然醒」背後的意義是什麼？不是懶，是要給自己有選擇能力，而非被環境選擇！

從日本回來兩週就馬上月考，有天放學一進家門就喊說：

「我爆了，每科都爆光光！」

女兒這次沒有哭，心中應是擬好作戰計畫準備拚了。

哎！都這麼認真了，還能怪她嗎？我們只能期待二下後期，放掉所有雜務後的衝刺機會了。

高一下被選為班上優良學生，高二分班後又被選上。

「你們班是沒人才了嗎？怎麼都選你？」媽媽揶揄女兒。

「沒辦法，人緣太好。」

學姊還曾當面向女兒打預防針，要有心理準備，當大衛糾的人緣都很差，因為很少在教室和同學互動。但女兒卻打破這傳統魔咒，在高中三年多采多姿，忙翻了的她能力、功力一定增進不少吧？

「對啊！我能力增強好多、學好多！」女兒邊說邊露出得意的笑容。

「我怎麼看不出來？」我故意糗她。

女兒很不服氣的反駁：

「就像身高道理一樣要慢慢的，一年一年才看得出來，你一天看得出來？你怎麼看？」

我無言，說得對。至少表示她有經過思考，邏輯進步不少，連口才也能頂到我不會回答。

「我現在已經很多人搶著要了。」

是的，有一次上課中還被教官叫出去問：

「你有上書的封面嗎？」女兒笑一笑，點點頭。

這位也許看過我書的教官建議她在校當義工接電話，但因時間和大衛糾衝突而作罷。

沒錯！她態度有了，真的有人預約她寒暑假當工讀生及家教，也體會到人的潛能無限，能力像胃一樣會撐大的，只是缺少刺激、開發與挑戰的決心，要擁有帶著走的能力及人格特質，

「學歷是一時的，只能代表過去；能力才是一輩子帶著走的資產」。

人家一學期只要八小時公服時數就過關了，女兒三年下來高達三百○八小時！她真的熬過來了，真的是自己的決心下不下而已。

到了大學也是推掉許多社團，只參加本草研究社和系上的網球隊，不然連讀書時間都沒有，

「怕兩頭空！」萬一書也沒讀好，社團也沒留下什麼就糟了，自己要拿捏好。瘋社團ＯＫ，但課業不能放。如影響得太嚴重，那只能衡量擇一了。

「我網球反拍比正拍打得還好耶！」

大學期間四處征戰比賽，畢業前還拿一座冠軍獎盃回來呢！而兒子挑戰高難度

劍道，還玩到當上社長。

社團不是不能玩、不能瘋，而是要有能力玩、有能力瘋！要做就要做到最好！眼前看似無用的能力儲存，說不定日後就是靠這些混口飯吃呢！就如我小時候愛頂嘴成性，被罵就只出一張嘴，而我現在卻靠這當初傷透家人腦筋犀利的口才到處演講博得滿堂彩、賺取生活費糊口。當初被認為的缺點反而成為目前獨有的優點、亮點！

令人想不到的是有時大人眼中的大缺點竟是孩子日後出人頭地的大技能！

而女兒也因為大衛糾隊長表現出色，除了一次免費日本行外，畢業時還為自己在高中掙得一座「特殊市長獎」。

勤……真的能補拙！

女兒在高中很活躍，不管是競選班上幹部或學校活動，還被班上同學票選為優良學生及品格楷模，總是被老師、同學想到的第一人選。

高一下海選大衛糾（衛生糾察），有位同學找她一起去，女兒哪肯？心裡知道只要和這位同學一起去，自己一定選不上的，放學後和我們分享這件事。

「啊？這麼沒自信？學校不選太醜的嗎？」

「哼！才不是！」我喜歡開玩笑揶揄她。禁不起一再的邀約，只好硬著頭皮陪同學去壯膽，結果同學沒上，反倒是學校老師看到女兒要她來選。

「你怎麼沒來報名？」

女兒想了一想，既然老師都這麼說了，好吧！就試試看！

「本來不想報的，怕太忙影響課業，既然報了就想爭取。」

每個人想進入的目的不同。有的希望得到公服時數，但女兒說她想學更多東西，想法真的很令人感動。

本來十多個變成三十多個選五個，除了初步篩選還要面試，女兒說想錄取就要準備。從沒面試經驗的她，回來問我怎麼準備？

「爸！你曾被面試過嗎？」「怎可能？我連資格都沒有！」

想要脫穎而出唯有講出有別於競爭者的想法才能感動面試官的心，讓對方印象深刻、耳目一新有亮點。音量不能太小，態度要誠懇，落落大方不做作。

一開始女兒的演講詞不具吸引力，太正式、太普通、太嚴肅。

「我一定會認真去做，我可以來這裡學很多東西，……。」了無新意，我聽著、聽著都快睡著了，但卻突然想到一個重要問題：

「萬一學校老師問你為何來選大衛糾？那怎麼講？你要講些不一樣的，能打動對方的，不是有回答就算數。」

我們家集思廣益，三個臭皮匠勝過一個諸葛亮，總算有了個準備方向及雛形。

有時我和太太會臨時、隨時的抽問，有時女兒居然一片空白愣住了答不出來，僵在那裡笑，還好我們有提前練習。週六的一大早，媽媽出其不意問女兒：

「你為什麼要來報名大衛糾？」

「因為我有熱忱，有一股使命感，……。」女兒面無表情、義正嚴詞的說著，太制式、太做作、不自然。

「你這些台詞是用背的喔？」

「對啊！為了要上，所以我很努力，……。」我們全家一個個笑到昏倒在地！

「你不能承認你是用背的啊！這樣就game over了。」

朝直的女兒也太老實了吧？萬一真的被識破了怎麼辦？

「你可以說『為了要爭取這得來不易的榮譽職，我在家裡每天都在準備，和家人共同努力』。」誠實、誠意能感動天，何況是人！

一石二鳥，也沒說謊，又讓對方感受到自己的真誠。我千交代、萬交代，說話要自然、自信，不要刻意去想準備過的台詞，邊想邊回答會慢一拍像背書一樣，就算漏掉了幾個字也ＯＫ，順暢就好，後面想到再補即可，不然像演戲一樣，除非你腦袋運轉和嘴巴流暢度可以無縫接軌的爐火純青。

現代社會的孩子，比的是後面的「資源」及「支援」，單打獨鬥很吃虧，這就是為什麼家庭的陪伴這麼重要了，孩子的輸贏、自信，大部分來自父母的支持與配合、鼓勵，成功機率會大好幾倍。

自做題庫，自問自答！

為了更萬無一失，女兒在校刺探軍情，事先打聽上一屆大概被問了什麼問題？收集了一些考古題回家做參考。

我們大人起了個頭引導，女兒自己總結，綜合所有資料整理出筆記後化為文字成為獨一無二的必勝祕笈。自行猜題、自問自答不下百次，先在腦袋裡跑過幾次先做功課，太寶貴、太厲害、太認真了。這就是態度！

幾份珍貴筆記夾在女兒課本中，後來其中一份女兒回收被我撿起收藏至今。

一、Q：你為什麼要來甄選大衛糾？

A：因為有一股使命感，而且我有服務的熱忱，非常自信可以將上級交辦的事情做得很好。

二、Q：你是為了賺公服（時數）而來的嗎？

A：如果為了賺公服，我可以到其他單位更輕鬆，又沒責任。來這裡可以學到很多寶貴經驗，為學校服務是一種榮譽。

三、Q：你為什麼會有這個熱忱？

A：因為我有一股使命感，學校或老師交代的事情，一定使命必達。

四、Q：你怎麼表現你的熱忱？

A：如果老師錄取我，我就有機會表現給你們看。

五、Q：你為了面試是否有準備？你是背出來的齁？

A：我承認我有準備，但這些都是我的肺腑之言。

六、Q：是誰幫你準備的？

A：因為一定要上，所以我的家人都支持我。

七、Q：如果沒有上，你會怎麼樣？

A：剛開始會難過，但損失的是學校。因為啊！我自信會做得很好，你們會覺得喪失一位英才，最後就換成你們難過了。所以，給我一次機會就是給你們一次機會。

八、Q：給你講最後一句話。

A：希望老師相信我一次，給我一次機會，我表現給你們看，保證不會讓學校失望的。

這張女兒擬的初稿回答有些不是很到位，但卻很真誠、自信、自然。還有些必考題要特別注意，諸如：

家住哪裡？（太遠不行，時間較難配合。）

有沒有補習？（補太多太忙也不行，沒補習的最好。）

你選第幾類組？（文組最適合，理組太忙，醫藥護更忙。）

你家有沒有門禁？（萬一有，時間難掌握及配合。）

萬一你的意見跟組長不同怎麼辦？（堅持己見不溝通的，當然會被刷掉。）

面試前一天兩母女沙盤演練近一小時，替口拙靦腆的女兒增加點自信，我要她對著鏡子練習。

「如果你上了，你如何表現？」

「如果老師願意錄取我，我就有機會表現給老師看。所以，最重要的就是要先看老師的表現囉！」這題就回答得很機智，把球丟回去。

那萬一準備的題目都沒問怎麼辦？沒關係！腦袋已有東西了，梗在，邏輯、自信、膽量自然在！

做不做得到？在自己一念之間！

不想做就算了，要做就要做到最好，全力以赴，這是我們家的信念！一個人不一定會很聰明，但一定要積極、努力才能贏過許多聰明而認真度不夠的人。

第二天女兒胸有成竹的去口試，準備得太充分自然也不緊張了，甚至手到擒來！

「書上那個資優兒是不是你？」

「老師怎麼知道？」

「你要當我的大衛糾，我一定要查清楚。」身家要清白？女兒說「比國中更厲害！」國中是第八天才被隔壁班同學認出來，而高中是報到就曝光而不自知，上了七個月高中原本還很高興沒人認出來。千交代、萬交代要我低調再低調，不要去學校出鋒頭，學校日不要起來發言……原來老師間早已心照不宣，表示我還算有一點小紅……。

「如果週六、日早上六點半要開會，有時要到晚上十點才能回家，你願意嗎？」先下個馬威嚇嚇你！

「如果是為了學校當然願意啊！」女兒毫不遲疑秒回，比我沉著一點，回到家就馬上考我同一個問題。

「啊……！」我愣了一下。

「不能猶豫！你考慮、遲疑，一定不會上。」

女兒馬上糗我，她變專家了。沒錯，要我花這麼一大段時間，我確實會舉棋不定。其實有可能才一、兩天這種狀況而非常態，只是試試考生的反應及態度罷了，所以女兒錄取而我被淘汰了。

「如果你意見和組長不同怎麼辦？」

「我會試著跟組長一直溝通，說服組長。」

「但最後組長還是堅持己見，沒被你說服呢？」

「那也只好尊重老師了。」

最後結果由學姊們評分，那天放學前遇見組長，稱讚女兒表現的真好，說還沒放榜就知道一定會被錄取的。

殊不知我們在家準備、練習了多久？這次任務又完成了，那晚女兒好high！還會自己讚美自己。

「我好佩服自己喔！處變不驚，講話都沒跳針！」

真幽默！

三天後，先確定三人上了，另二人選還在評估，看成績、個性、熱忱度……等，女兒列最優先考慮，還考慮讓她當隊長，只是醫藥護類組很忙，還要第八堂課，應給較空的文組當，但女兒個性卻最適合。果然最後還是當上了隊長。

一則以喜，一則以憂。當晚媽媽問她：

「萬一真的很忙，功課怎麼辦？」

「咬著牙撐過去啊！」

虎父無犬女！勇敢、霸氣、堅定的面對挑戰，只有往前的企圖心，沒有一絲絲退縮或放棄的念頭，覺得做得到或做不到，其實只在自己一念之間及決心夠不夠而已！

「田螺含水過冬」，開弓沒有回頭箭，拚了！即使水裡來、火裡去！

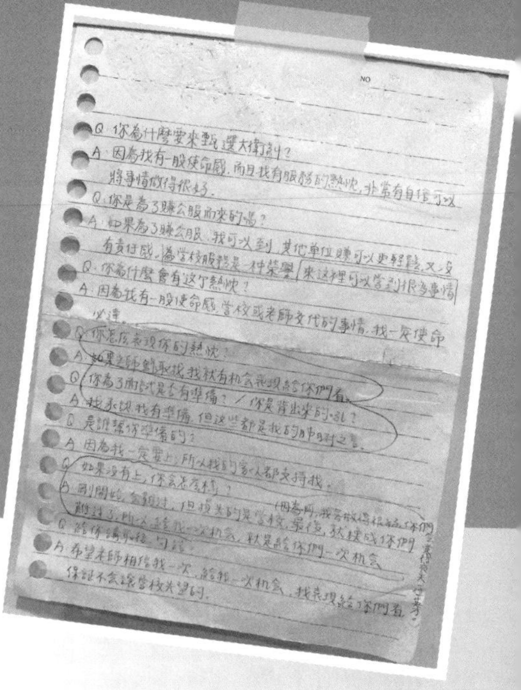

為了上高中大衛糾的口試，女兒自做自答化為文字複習——這就是我說的態度！

PART 4
學測口試？還是有脈絡可循！

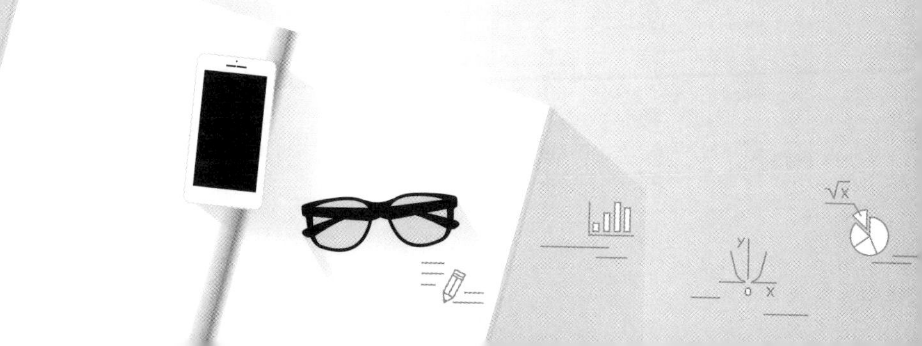

學測面試？蒐集資料、沙盤演練！

高三上學期大家拚學測，有些同學早就放棄段考了，女兒高三上忙複習，高三下忙申請學校做備審資料，雖沒忙到放掉，但確實難以兼顧。

老師開玩笑的說：「老天爺對你最好的是申請6所全『槓龜』，讓你專心去指考。最不好的是第一階段全上，希望滿滿後準備一大堆資料後第二階段全『備取』，讓你覺得還有一絲希望，結果再讓你6所全『槓龜』。」（其實大部分的人覺得最好的一定是6所全上，而且都是正取，但沒幾個能這麼圓滿。）

心情像坐溜滑梯急轉直下，指考只剩一個多月準備，但我們家絕不允許這種情況發生，因此得做足準備、全力以赴！

談到第二階段的面試哪一個學生不緊張？要先克服緊張唯有做足準備，多模擬實境對答練習，知己知彼下才能從容自信、百戰百勝！

女兒第一階段上了4所，但鎖定台中的中國醫藥大學藥學系為第一志願，除了興趣外也最有機會（因第一階段的分數很漂亮），因此下最多的功夫，其次是陽明大學的護理系。就這麼巧，這兩間居然撞期排同一天！因陽明只有早上時段，當天必須先趕陽明後再馬上搭高鐵到台中。

申請此校系，一定要對這系深入了解，如果一問三不知，那誰想要你？又如何拉近距離、打動教授，讓主考官看到你對此科系的積極度、熟悉度及熱愛度？

女兒從校史開始，全力準備了一個月了解學校，蒐集校系資訊，還買了4本相關書籍反覆閱讀還畫重點，為了更專業還要我想辦法買到一本絕版的藥學書籍，所有書局、網站都沒有，我特地衝到出版社掃到一本存貨，為幫女兒得到更多資訊，我特地買了兩本書：「大學甄選入學高手」及「別再選錯系了」做研究，事後證明原來很多學校面試有SOP可循，有的連題目每年都很固定。

要知山前路？須問過來人！

我們非常幸運，到處打聽的結果，剛好朋友孩子正就讀該校系，天助女兒也！這下可好、可順了，比別人多許多及時又正確的資訊，也無暇管什麼月考了。我們拜託這位學長當軍師模擬學校主考官幫女兒口試，當初教授都問什麼題目？如何回答較為恰當？有什麼特別須注意的地方……？

面試的前一週為該校藥學系的嘉年華會活動，女兒特別隻身搭高鐵參加，除了熟悉環境外，可以打聽學長姊關於學校的一些小道消息，教授大概問什麼內容及注意事項。人不親土親，同校的更親！遇見許多高中同校的學姐也不吝指導、介紹，自然比別人更具優勢，如魚得水、如虎添翼，有更多實際資料及內容陳述，自然能侃侃而談，拉近距離後有共同的話題可聊，讓教授對你這個人有興趣後再引導共同熟悉的話題，教授會從你談話的內容問你，整盤棋就是你在下了。

可以親近到像校內人士，印象深刻下眼睛為之一亮，不錄取都會覺得對不起你，因為太用心了解本校、本系了。反之，如果一問三不知又被動緊張不語，只等待時間過去，而被看破手腳，當然有空檔挑你毛病，如果想一些剛好不會的問你大概就大勢已去了。

考前要多練習、面試放輕鬆、態度要誠懇，我們特別去買雙學生皮鞋及樸素、端莊新衣服增加自信，甚至做摺頁自我介紹加深好印象，備審資料我們也很認真的抓錯字，甚至提早到校園認識一些中草藥。第一印象太重要了，至為關鍵！

從容自信、微笑禮貌、克服緊張、自然端莊、誠實回答、真誠感動，勢在必得！

加分？靠談吐及臨場反應！

我們全家非常重視這得來不易的機會，更是傾全力幫女兒想口條及點子，一問一答、一來一往，一直問一直答……，怕口拙的女兒被問倒失分。

女兒學校也有找老師模擬考古題，更有學姊們的經驗傳承及祕笈加持，提供教授大概會問哪些？會有哪些陷阱或故意刁難？訓練到儼然女兒都成專家了。

曾聽說有位考生的自傳不用心錯字連篇，教授看不下去後直接告訴這位考生：「我們已經錄取足夠的名額，所以你無法錄取了。」

這位考生愣住了許久，枯坐到時間結束沒說半句話也不知怎麼辦？結果當然沒上。女兒說她會先對不起，一直說服教授再給一次機會，進入貴系後一定更努力認真學習。努力爭取到最後一刻！即使只有一絲希望，就是不放棄！

很久之前曾在報上看到一則面試分享，第一家上班時間12小時月薪一萬六，覺得自己不適合這份工作，老闆感覺到是個人才後，馬上改口兩萬元。

第二家面試，主管說學歷不符，難道當初沒細看應徵條件？

有啦！知道條件不符，若因這樣而沒來應徵，錄取機會等於零；若是來了，至少還有一半的錄取機會。主管被感動得說服了，非常贊同其想法。雖然前兩家應徵面試都被錄取了，但卻選擇條件更好更適合自己的第三家。太太隨機問女兒：

「如果是批評或涉及個人隱私的問題你會如何回答？」

「看他問的是什麼？見機行事、見招拆招！」

一個人的價值是活在自己心中，不管對方是有意或無意羞辱你，縱使當下非常生氣，喜怒哀樂不能形於色，還是要穩重沉著、泰然自若，這是做人的基本態度，表示對他人的尊重。不要被當下情緒掌控了，要學會收斂，沉默中觀察、冷靜中思考。別讓衝動的情緒主宰而釀成無可挽回的後悔。情緒整理，事後發洩即可，無論如何都感謝對方的刺激，讓我們有學習、成長的機會。

媽媽耳提面命這樣告訴女兒：

「如果遇到我們從沒想過的問題一定要冷靜，千萬不能慌了而愣在現場毫無作為，有時他們要的不是正確答案而是你面臨危機的處理態度及方式，藉此觀察你的反應，成為打分數的依據。」

「我知道！我們有一位學姊就被嚇到。教授一開口就對她說『我們已經沒有問題問你了』，結果學姊不知怎麼辦從頭到尾十分鐘都沒講話就出來了。」是不是穿著上出了問題或有什麼不禮貌的舉動惹毛了對方？

「那如果是你，你如何回答？」

「我會告訴教授『沒關係，那拜託教授給我自我介紹的機會，讓我說說想法及對未來的規劃』。」

嗯！回答得很好，通常教授只是藉著拋出一個問題看看你是否有省思、負責的態度，要適時從容的表達想法，不能因突發狀況而顯得被動、不知所措，被看破手腳。像學姊愣住選擇沉默反而失去表現及扳回一城的機會，等於棄械投降。

「如果教授問的是專業問題妳不會怎麼辦？」媽媽又問。

我自以為懂馬上教女兒回答：「這個我不是很清楚，但我回家會馬上查。」

高中有多次面試經驗的女兒馬上打槍，覺得我回答的不到位。

「爸！不能這樣回答，這樣表示你沒有立即的求知慾。應當這麼回答，『我很想馬上知道，可不可以拜託教授先為我解答一些，剩下的我回去自行研究。若可以進到貴系，我一定會更認真學習，只要教授願意給我這個機會。』」

哇！受教了，沒正面承認自己不會回答而嚇到，還積極丟球給對方接，至少不會扣分。（戴個高帽子，滿足對方的成就感，誠懇又不虛偽，願當聽眾，在對方專業的侃侃而談下，心情是愉快的，已不介意你的不會了。）

千萬不要不懂裝懂，有時不是要你的標準解答，而是要考你的機智反應。

太太說女兒比我厲害多了，勇於把自己心裡真實感受及思緒表達出來。口試前一天我們緊鑼密鼓的練習，想到什麼問什麼。

最後提醒女兒談話結束前，不管過程感受是好是壞都要帶著尊重、誠懇、感恩語氣做出總結，這樣才算是一個完整回答，答得有技巧才不怕被考倒而失分。

其實教授也是人，口試一整天也會累也會無聊，也想聽聽新鮮有趣並講一些不同的話題，一成不變的問答也會煩，所以自己要懂得適時拿回發話主導權。

謀定而後動，女兒還提到要拖住時間主導，讓話題停留在自己熟悉拿手的領域，引導教授讓他對你的話題有興趣，在輕鬆的氛圍下，很自然的就會好奇問你拿手的這部分，儘量開口回答不要打迷糊仗閃避問題、草草結束了事，這樣教授問不下去，不感興趣下切不進你熟悉的點後，可能就會問你比較專業的問題了。自己太被動、太冷漠也有可能被問一些較冷門的話題，這時分數就下來了。

發球權永遠落在有能力、肯下功夫、積極的人身上，不放棄任何一個機會。

誠懇、真實、唯一，感動對方！

畢竟所謂面試是靠表面的第一印象，短短的十分鐘就定了江山，靠的是誠懇態度及機智、反應、口才得到青睞，談話內容及口氣態度須能感動對方！

精神須飽滿，自然微笑，約75度鞠躬，手機記得關，記得說教授好。有請坐要謝謝教授（沒椅子叫你坐是考驗你的反應，沒關係，我站著就好，謝謝教授。）沒請坐不要像你家太自動、太隨便，音量要以對方能聽到、聽懂為準。最好能提早兩小時以上到現場沉澱、思考、觀摩、打聽情報、穩定心情，而且在家要熟練三大必問基本題型：中英文自我介紹、為何報考此系、對本校系的認識程度。

在家中我特別提醒女兒，有一題必考、必問。教授最忌諱、最討厭學生把本校當備胎（雖然大家心知肚明，但教授還是要聽聽你的反應如何？）錄取到更好的就被一腳踢開無情的走了，那之前豐富的真心熱忱都是演出來的？情何以堪？教授也很怕被學生耍了，心情會很受傷，但誰不想多申請幾家較穩當？所以只能想辦法攻防了。

我們家在台北，當然以家近為主，怎麼跑來台中申請學校？當備胎嗎？如果是，為何要大費周章，浪費這麼多的時間在你身上？（雖然可能是，大家心照不宣，打死也不能承認，承認就掰了，就笨了！）教授一定會質疑為何不申請台北，真的想來、會來台中讀？如何讓教授感受到我們的真心及破釜沉舟的決心很關鍵，儘量避談有上其他校或只上貴校的尷尬。

女兒相當單純，藥學系只上一間，說法一定是「藥學系我只申請貴校一所」，而非說「只上一所」，而且對中藥也有興趣，所以特別喜愛貴系，「我們全家甚至有移居台中定居打算」，我是這樣教女兒說的，證明我們真的想念貴校決心。（當時確是如此打算，但房仲不積極最後不了了之，絕非說謊）

當天早上女兒穿著媽媽的白上衣及黑灰裙，套上自己的白外套，還加上新買的學生黑皮鞋，簡簡單單、清清爽爽，樸素、乾淨、整齊。

上午我汐止有演講，女兒先到陽明大學面試後馬不停蹄搭高鐵到台中，而我這軍師也沒閒著，講完也馬上趕去打氣、壯膽。兩點半會合後我還利用半小時的空檔幫女兒一直複習，要女兒先把緊張先講出來，是我當菜鳥講師時克服緊張的不二法門。

準備了極熟的國、英語，結果卻被要求以「方言」自我介紹，教授還貼心地告訴女兒「不會講也沒關係，可用國語講」。可能女兒自己有停頓、遲疑了幾秒。還好我們從小堅持孩子要會閩南語，才能和阿公、阿嬤溝通，想不到口試派上用場，不服輸的女兒以台語自我介紹完後居然獲得教授讚賞有加：

「你講得很好，家裡父母都跟你講台語？」

「爸爸是彰化人（其實我是土生土長的萬華人，阿公才是彰化人），媽媽是台南人，所以家裡都說台語。」（彰化和台中聽起來又更近、更親了。）

女兒還告訴教授，為了更了解貴校系，上週還來參加藥學系的嘉年華會，教授一定很驚訝！這麼有心，連這也知道？所以更拉近彼此距離，更有共同話題聊。

「你為什麼不申請北部？」

哈哈！賓果！被我這個神機妙算料中了這關鍵一題。

「藥學系我從頭到尾只申請貴校，以貴校為首選的第一志願，對中藥也有興趣……。」避談自己北部藥學系條件不符的尷尬，除非教授再細問，這是談話技巧不涉及欺騙，其實教授也心照不宣。

「你不要被錄取後又不來了喔！當然也要看其他分數（第一階段）。」

「不可能，如果教授願意給我這個機會，爸媽為了給我更好的讀書環境，甚至計劃來台中找房子定居呢！」以堅定的決心取得信任。

教授暗示的很明顯（給高分），女兒一定能上，我們成功的打動教授了。

女兒第二階段的面試居然去的都上！在於我們非常用心做足功課，要有自己的想法，說出獨有的特色及優勢才能成功感動對方，第一印象自然深刻，千萬不要東抄西抄而踢到鐵板！

曾有補習班教學生背他國榜首作文的部分精華，不管遇到什麼題目，想辦法套在中間，前後再掰一掰，打出來的分數至少五級分（滿分六級分）。多年前，就曾遇過此偷吃步作法推銷而被我當面拒絕。

我要這種假的分數做什麼？不是自己的東西，到時大家內容都相同那不毀了？備審資料的履歷如果也是用錢換來的，連錯字都一樣？這樣的孩子永遠只是之一成不了唯一，難成獨領風騷的領頭羊！

將欲取之，必先與之！

熱情及經驗靠父母引燃、補足

認真看待不馬虎並做好每一件小事即能成就大事。這是從小我對兩個孩子最基本的要求，日積月累下小小的習慣才能內化為大大的態度，這就是成功的關鍵。

二十多年前我的一位女性友人，原本是專職的家庭主婦，先生買了新房後生活更是愜意。但好景不常，不知何因沒幾年即把房子給賣了（可能先生簽賭）。原本高枕無憂的生活，為了家計只好外出工作。剛好清潔隊招兵買馬，工作穩定，月薪三萬更吸引了不少人報考。

為了不名落孫山，非有這份工作不可下，她先去了解考試內容，原來還要扛沙包、測時間。勢在必得的決心逼迫自己每天扛沙包，練習了一個月後終於脫穎而出，贏過許多匆匆上陣，事前沒做足功課自然氣喘吁吁的力壯男生。

想當初我剛滿十八為了考駕照還事先每天早上到公園練習S型，後來一次就過，筆試近滿分；服役前三個月為增加自己肺活量以適應軍中生活，每天早上還跑公園三圈，提高穩定度的準備，那個感覺真的很重要。

孩子小，經驗不夠，即使有心也使不上力，不是放棄就是不完美而鎩羽而歸，所以大人須引導、輔導，提升孩子的自信及致勝率，這就是一路陪伴、相挺！

為了爭取到日本交流協會贊助的八天七夜「環境教育研修訪日團」，第二階段的口試女兒卯足了全力，十分鐘的口試，我在家前前後後至少問了十小時……。當天坐火車到新竹的一小時我也是不停的問、隨時的問，沒有浪費掉，到了現場還有一個多鐘頭，我還反覆幫女兒練口試，把膽量練出來，把緊張說出去（儘量說話），腦袋有邏輯且胸有成竹，勝券在握的自信上戰場。

進教室之前我還特別交代女兒，微笑、點頭老師好，兩眼要直視老師，椅子不坐滿、坐正有精神、髮夾要夾好、左右腳襪子要齊高……，甚至說幾句日語和日本老師拉近距離，人不親，語言親，絕對能加分！一些須注意的細節及致勝訣竅如不是大人提醒及引導，孩子很難有這些心思及心機的。

奇怪？女兒是早上的最後一位，怎麼超過中午十二點了還不見人影出來？這下換我緊張了。

約莫五分鐘後，女兒喜孜孜三步併兩步興奮地走出教室，迫不及待的告訴我：「爸，我穩上的！因為兩位老師對我很有興趣，一直問關於我的事情，談得很愉快。一般而言，如果沒有什麼話聊及互動，早就請你走人了，怎麼可能還超過時間呢？」

分析得很有道理，我們練習許多次，準備太充分，腦袋有東西可應變，以致一點緊張也沒有，反而能從容的侃侃而談，互動愉快、相談甚歡！

為了這十分鐘的面試，我在家至少問了十小時，結果我問的題目老師都沒有問……。白問了嗎？不！因為有事先特別的練習，邏輯在腦中、自信在心中、表現在談吐中，不然如何和其他全省各校菁英一比高下？

運籌帷幄之中，決勝千里之外！家裡就是作戰中心，父母就是軍師。果不其然，沒幾天後上網一查，真的上了！

天下大事，必作於細；天下難事，必成於易！

在於那份企圖心！

態度培養就是重視每一件小事！

每一件小事，我總習慣認真看待、充分準備、全力以赴，成與不成讓老天爺決定，努不努力我自己可以決定，至少盡過力了，不會後悔。

認真、用心做好每一件事不求回報，不預設結果，盡人事聽天命，最後的果實大部分是甜的。當「盡力」成了習慣，長久的習慣就成了一輩子的態度！

想當初女兒文科統合不行，怎麼背也輸人家，理科沒興趣也沒天分，更不知自己性向，我傷透腦筋。有次我開她玩笑：

「你文科不行、理科也不行，端盤子手沒力、站太久腳會軟、做太多人會累……，你真的不是普通人！」

女兒沒反駁，只是瞪我一下。

她的所有缺點卻被自己唯一的長處給掩蓋過去了，那就是認真、不放棄的精神！

國一下，老師宣布做筆記可以加分，女兒馬上拿去加分，老師驚為天「書」

說應該留給別班巡迴看一次，讓同學看看、學習才對，可以當參考書了。她樂不可支，放學後急著跟我們分享。有天放學回來，我們家的收音機又準備播報了：

「今天生物老師又借我的筆記去影印了。」

「做什麼用？」

「可能是給其他同學看，已經有三位老師借了。」

弟弟聽了很吃味的說：

「那就奇怪了，怎麼沒有老師向我借？」

「還敢講？你的字那麼醜，連自己都看不懂，誰要借？」被姊姊打槍回來。

到了高中還是沒變，化學老師又借筆記去影印，公民老師也是，還打手機特別稱讚說做得太好了。連同學都借去影印，建議到大學時可以拿去賣錢的，還問她「同學，那我們同班可不可以打個折？」

像社團日語班的寒假作業，許多同學是開學了才熬夜趕工應付一下，凌晨一、兩點才睡。其中有項功課是學會唱一首日文歌，開學後考試，老師說不熟的可以帶歌詞，但要先扣10分，全班只有女兒沒帶，每位同學都很好奇為何整首都會？還相繼過來考她，殊不知熟的原因是寒假每天吃完晚飯開電腦聽十多次而來，至少練了上百次才有的成果，我聽到都快會唱了。這種小事誰會在乎？

態度的培養不要看不起日常小事，重視所有小事就能成就大事；不要嫌少，積少成多，積多成好。

點滴就是火海！

兒子曾為了一個化學報告花他一個多月時間準備，有個同學的報告內容兒子早就會了，而他的報告有深度卻很多人聽不懂。其實上台時間不長，也可以混過去，但我們不要，須對自己負責。

也因為重視小事的這種態度，讓女兒國中第一屆不用考，直升中山女高，是班上第一個免試上高中的，當時國中還沒畢業，同學就叫她「高中生」了。高中也是班上第一批6人不必指考就有學校，是班上最早的大學生。當時是班上、學校的「瑪麗亞」，供全班同學使喚、做公差，人緣好到爆！

不積跬步，無以至千里；不積小流，無以成江海！

小事？就是大事！就是態度的累積！

考不考**科學班**？

兒子從小學就立志當科學家，天賦、熱忱、好奇心、數理提前等特質皆具備，我們也尊重其志向。

有些孩子小學是資優生，國中時父母卻選擇升學率較高的明星學校，忘了先打聽有資優班的國中，以致資優環境無法銜接而中斷資優教育學習，甚為可惜！

我們很幸運，國小、國中都非明星學校但都剛好有資優班（非故意挑選），讓兒子成長、發揮。在小學即獨立實做「磁浮列車」，國中獨立研究「氫氧電池」，對他人生有很大改變。

國三下，兒子堅持要考科學班，而且非「建中」不讀。上科學班是為了找到觀念差不多、志同道合、能對得上話的同儕。他曾向我抱怨，他說的話，有時同學都聽不懂……。這麼可憐？

科學班，人稱「超級資優班」，兩年要讀完三年的高中課程，高三到其合作的大學選修相關課程，很累、很辛苦、壓力很大，沒有相當紮實的數理底子及思考能力會很難熬，如真的不適合、跟不上可選擇退回普通班，但孩子恐有面子掛不住的問題，誰也不肯退！

就如體育班、美術班一樣，為偏科傾向的孩子提供了另一升學管道進入心儀學校（有基本門檻），因正常管道的傳統成績可能上不了，但應以興趣為前提，不然絕對會痛苦三年！

進入科學班後大略分為三大路線：

一、走國際競賽得牌保送大學或為出國準備。

二、乖乖的走學業傳統成績，有利升學。

三、自由派走自己的路。

四、真的想走科學路線。

真正有強烈意願想當科學家做研究的真的還是不多！

兒子到科學班其中一個目的，認為有機會多接觸到不同挑戰的實驗器材，公假200小時中在實驗室自己就修好許多器材，修到連管理阿姨都認得他。焊接、換保險絲等舉手之勞，三用電表就修好4台，大部分人都想用哪可能花時間去修？

上科學班也有一個好處，高三先到大學選修，先上看看興不興趣？不喜歡就提早琵琶別抱另選他系。兒子實際選修後發現並非是原本的期待，所以大二才雙主修財金。科學班很辛苦，有讀者問他「會不會後悔」？

當初是自己想要的，也確實交了許多談得上話的革命摯友，重新再來一次還會是同樣的決定，痛苦卻也珍惜、享受其過程。大三時我曾問兒子是否有興趣才去考科學班的？

「也不是，最主要是希望換個環境，周遭同學會不一樣，能講得上話，觀念落差至少不會太大，會成長更快，說多有興趣也沒有，但也不排斥。」

高二海外教學八天，太太去開會決定地點三選一：北京、西安、新加坡。

「為什麼不去美國、韓國、日本？」兒子提出質疑。

「因為花費太多，也不是不行，怕有的家庭負擔太大。」

「怎麼可能？能上科學班的都有栽培，家中的書都好多，哪像我們家那麼少？搞笑啊！這樣還能搞到科學班？」

有次睡前兒子告訴我上建中、台大後的感覺，覺得自己跟大部分同學知識養成管道、方式不同，大部分人靠明星學校大量給東西或補習，有的同學從小就上各類菁英課程，一小時一千元……，但自己大部分靠自學而來，還虧我教育他是「最廉價的栽培」，沒花什麼錢。

最廉價的栽培？這我就不服氣了。我反問他：

「小時後載來載去，省下的通勤時間換成睡眠；提前學習讓你不必補習；我們的時間、支持、配合，及少賺的錢，還有一路的陪伴叫廉價？這叫『無價』！」

對比有形的金錢，無形的陪伴更可貴！

兒子知道失言了，笑一笑默認了我的抗議。

你能忍受家中滿地都是孩子的實驗器材嗎？你能忍受整個晚上孩子都不碰課本嗎？甚至連假四天一頭栽進研究世界？大部分家長是受不了的。而我孩子國小的磁浮列車、國中的氫氣電池可是各磨了一整年，帶他到處買材料，而車伕就是我！不是每個孩子都適合科學班。這片土地長不出小麥？種花嘛！開不了花就種高粱試試看。看看金門，福利多好！

科學班一位家長在群組分享：

一位園丁告訴我，不是所有的花都適於肥沃的土壤。

沙漠就是仙人掌的樂園。

人生許多成敗，不在於環境的優劣，而在於你是否選對自己的位置。

兒子是如何準備科學班的？

為了這僧多粥少約5%～6%左右的上榜率，兒子白天在學校準備基測，夜自習到九點後回家準備科學班，國三下特地去買高中物理課程光碟週六、日自修，因數學早已超前有高中實力，所以功力大增，觀念物理及費曼物理也是基本讀物，生物學、微積分、普通物理……等。

其實早在國二，學校就派兒子先去考「科學奧林匹亞」初試了，他每天的課外閱讀時間就轉為觀念物理、化學、生物及姊姊國三的理化參考書，努力許久還是當砲灰回來。想不到這些過程卻成為考科學班的紮實基礎，有許多孩子從小對「牛頓」及「科學人」雜誌有興趣的，更是加分不少。

為了抓手感，測試自己實力，兒子還下載建中、雄中等全省名校考古題，並特地學會工程計算機。

至於實驗就是兒子最怕的部分，但實際的真相是你爛別人也爛，只是選出比較不爛的而已，我們的實作課程常被挪去趕課，死背實驗結果，甚而成為常態，所以在小學我買很多實驗光碟讓孩子欣賞，為了提高自信度，我們特地找坊間的自然實驗實作課程班加強，臨陣磨槍，不亮也光！

要有點飢餓感，不能吃太飽或零食吃太多，不然頭腦不清醒，那段期間棉被都不敢蓋太溫暖，週六、日打球回來精神特別好，解題也特別有靈感，考前怕體力不濟還每天到植物園跑步。兒子以九牛二虎之力整整花了半年時間準備科學班的考試，媽媽怕他兩頭空，建議以最有機會上的基測為主，但兒子有自己的想法，執意以科學班為優先，有一次聽煩了還生氣對媽說：

「你不要打壓我！」

「我想打你！」

母子大戰沒有火藥味，是我們家獨有「鬥嘴鼓」的幽默溝通。

「你花這麼多時間、力氣考科學班，幾百個考才要30個，萬一沒上兩頭空不是很嘔？」換我加入戰局了。

「我甘願！」

好，既然這樣我也沒話說，尊重！

其實兒子心中早已計劃好了，就算考不上，無論上哪一所高中，每週六、日還是要去台大或清大旁聽，朝自己目標走，破釜沉舟的心意已決！

最好的準備，最壞的打算！

兒子第一天考完回來就垂頭喪氣、自言自語：

「又爆了！明明會的，30多分鐘居然想不到半題，我回來5分鐘就想到了，14分耶！氣死人，明明那麼簡單，當下想不出來，太緊張了。」

第二天是端午節，我家中拜完祖先等香過半了才收粽子，回家半途中接到太太緊急電話：

「過了！過了！」太太很緊張的對我喊著。

「廢話！就是過了才收粽子的，還要你打手機提醒我？」

「是科學班初試過了。」我昏倒了，我以為太太怎麼知道「香」過了？

接下來的實作因不熟工程計算機而壓錯慌了，造成時間不夠，30分不見又爆了，沒指望了。回到家兒子悶悶不樂，吃不下、睡不著，很嘔！就差一個失誤，白考3天。

「算了啦！就當作經驗。」兒子還會自我安慰，我們也要兒子看開一點，不必抱任何指望。

次日下午1點放榜，沒人敢自動開電腦，結果反而是姊姊打電話回來：

「上了！上了！弟弟上了！」

接著國中學校的老師也打電話來恭喜，我虧兒子好棒棒，幾百個報名，不要說錄取30個，就算只要3個你都能上耶！你自覺考得不好，其實別人考得更爛！

「這根本是考我鬥志的！」

其實有一天是早上考建中科學班，下午馬不停蹄考第二次「科學奧林匹亞」初試，考完才知自己實力不如原來認為的好，居然還有那麼多不會寫？對兒子打擊甚大，卻也激起了自己的鬥志。於是要求我清一間書房給他讀書，暑假要自修高二、高三物理，又要每天背一百個英文單字並把微積分學得更透澈。

哪知人算不如天算，有天接到電話，隨便亂考的科奧初試居然也上了，暑假要受訓，30人中再挑6人成為國家代表隊，約半年後兒子終於贏得一面科學奧林匹亞金牌回來。

水激石則鳴，人激志則宏！

許多人的潛力，被激發後才發現原來自己可以！

補習到底有沒有用？

太多太多的媽媽問我「補習到底有沒有用」？這實在不是一個是非題或選擇題，而是申論題。我說沒用，也有孩子靠補習一路補到上建中、台大；我說有用，卻很多孩子愈補愈大洞。這要分析孩子個別特質差異及狀況而論，但態度是最主要關鍵，自己孩子自己最清楚。

我兩個孩子有提前，態度良好也有自學能力，多補也加不了分，反而睡眠不足。但整合性的課程或學校沒教的這就有用，如英文新聞、實驗等。另外，在臨界點，要上不上差一、兩題的孩子也有加分作用。約10年前曾有位基隆的媽媽讀者打電話告訴我，有的補習班會蒐集題目成為考古題，在考試時先分配好，要學生一人記一題成為題庫，造成30位資優生有20位是小六補習考進來的假資優。

難怪，兒子在考資優班時就有同學說有的題目早就看過了。當初我還不相信，如今得到證實，所以雖同一班但程度落差很兩極。

至於科學班，對自然要有興趣、天分、資質、數理提前及實作經驗，範圍太廣實在勉強不來。沒有長期深厚底子，再補也沒用，難以在短時間內準備充分，但有其脈絡可循。思考型非死記型的資優生更具優勢。

有一次兒子告訴我，他不適合讀書，嚇了我一大跳。

「那你適合什麼？」

「思考！我不想死背，那是別人的東西！」

為了考科學班，兒子做了很多考古題，自己想自己做，問老師也不會，沒人可問。有的老師以很忙拒絕了，有的老師說還要跟別人討論，有的只是解釋課本上的東西，而再延伸的東西就沒辦法了。這就是為什麼那麼多孩子補習的原因，找資源，找可問的人。

「居然沒有一個老師能幫我？都我自己想出來的。」

「不會？問學校老師啊？」

「有啊！可是我還要向老師解釋題目10多分鐘，後來老師也不會，題目都看不懂，找不到人問真痛苦，只好自己想。不能說老師比我不行，應該說領域不同各有專精，數學也有好多方向的延伸。」

有時一題想好幾天，甚至一個月，範圍太廣無從準備。還好數學提前甚多，從小習慣思考。問不到人能解決再延伸的問題，老師說他鑽牛角尖，媽媽叫他問同學：

「這又不考，笨的人才會想這種問題。」

「那你就是笨人！」兒子反嗆回來。

沒釐清觀念會受不了，所以自己一直想辦法一直思考，這就是我兒子！

他頭先完全不會做考古題，雖然會了微積分，但數學太延伸的還是想不透。想說拜託高中姊姊的數學老師，老師也忙，最後不了了之。

說也奇怪，一個月後的某一天突然想通了，靈感一直來。

女兒的一位同學都不必補習，數學問醫師爸爸，而媽媽是台大化學系畢業，物理更強，女兒好羨慕，因這位好同學在家中就可以問到答案。不像她還要排隊問老師，那麼多人要問，老師也忙。

哎！誰叫她老爸只是國中畢業？還好，我給孩子的態度彌補了一切。

進入科學班要本身願意才撐得下去，如果是父母逼的或硬補來的，不只辛苦還會很痛苦。兒子第一天新生訓練聽老師說明，居然要學的那麼多！回來頭搖一搖第一句話就對我說：

「喔！壓力超大！」

是孩子自己選的路，辛苦、壓力自然會想辦法吞下去，三年牙根咬一咬也是會過去。

如果不是我們早已提前學習（20年前寫功文），沒有兩把刷子，單聽到說明會就嚇破膽了，開出來的課外書籍、三年課程要兩年完成，馬上發下的數學課本須暑假先自學，很多人臉都綠了。

姊姊看了很不捨的說：

「弟弟好可憐喔！這麼忙！暑假都泡湯了，比開學還忙。從國三開始拚到基測、拚科學班，本以為告一段落放鬆了，又接著上科奧國家代表隊一連串受訓都沒有休息，繃得好緊。」

哎！好花偏逢三更雨，明月忽來萬里雲！

人生的起起落落都是成長經驗、都是過程、都是好事！

地球是圓的，**福報是真的**！

為了得到更多資訊，我還曾拉下老臉打電話問一位上了建中科學班的家長，想不到人家第一句就說「不方便」給了個軟釘子，「打擾了，不好意思！」我道歉後掛上電話。

相對於我們家讓人問到飽的狀況，被拒絕的心情很難受，這也就是我為何開放電話的原因，也許我認為的舉手之勞不代表別人也願意花時間吧！

考完基測後確定上了建中後更無後顧之憂，馬上向學校請10天假在家衝刺，也先向導師、組長、校長說明原因打過招呼，校長也說她會准。當家長委員的好處就是這樣，大家都熟好辦事。

考試當天我有演講，遂由太太載兒子到校，在校門口被一位媽媽纏問了一個多小時，說她兒子一直抱怨一直念：

「好好的三天連假叫我來考？」

孩子要走醫科，對科學沒興趣被媽媽硬拉來考，心中當然很不爽！

太太建議這位媽媽，沒興趣不要勉強，況且要走醫科是不是去考數理資優班更合適？

「考上了後好好跟你兒子溝通商量，看到底要上科學班還是數理資優班比較好呢？」

結果那天下午居然有一人缺考，太太難過了好久，早知道不講了。我稱讚太太功力了得，站在門口一個多小時就為兒子剷除一位強勁對手。

「你好厲害，明天到門口再站久一點！」

「你不要誣衊我人格，我只是分析建議，要是功力真這麼強，我一分鐘解決一個！」

一年後家長會這位媽媽認出太太來，居然同班！

「當初以為是你們聽了我的話後下午沒去考，好難過！」

「不會啊！要是我會好爽！」

兩人相視哈哈大笑！

原來沒去的那位另有其人，不是問太太的那位，白難過了好久。

走筆至此，剛好丈母娘打電話給老婆，原來「鼓鐘於宮，聲聞於外」，岳父友人女兒剛考完指考，落點約在財金、藥師、公費老師左右，家中快鬧革命了，不知怎麼辦，但這一通半小時的電話居然化解了所有爭吵。

孩子對牙醫有興趣想重考一年，父母認為應上台大，但孩子對財金沒興趣。喬不攏的情況下孩子很不高興的撂下一句：

「你們去決定好了，決定哪裡我就讀那裡！」

太太花了半小時分析、解釋並建議，要是我們的做法，以孩子興趣優先，不要被台大兩個字給迷失了。會保留私立這家藥學系一年，讓孩子重考，這是最有保障最有利的做法。

「我心裡有譜了，非常謝謝你。」

這位爸爸豁然開朗後好生感激，丈人也好有面子，而我和太太都好快樂。只花這半小時的舉「嘴」之勞！

我們那天只不過慢了30分鐘吃中飯而已，卻換來對方一家和樂及孩子一輩子的興趣及前途，雖然不是自己的孩子，但我們會為對方高興了好久，這不就是雙贏嗎？

知道別人因我而改變、而快樂，自己也會很快樂，這也是教育目的之一，不然孩子再怎麼優秀也是自私、枉然的。不能自己有困難時才想低身下氣求人，而在順風時卻趾高氣昂不關己事，有時我們的舉手之勞有可能是對方的再造之恩，何樂而不為呢？

人的價值不在壽命的長短或顯現自己有多優秀，而在於有能力付出多少：傳承、貢獻、分享。你好我也好創造雙贏，絕非只是考慮到本身的時間及立場，那對方焦慮的心情呢？

他家的事？能付出表示自己有能力，這就是我們家這麼踏實、快樂的源頭及原因。

老天爺是公平的，我們全家都非常感恩！多少人覺得我們孩子一路都很順利，機會、福氣、運氣……，有可能「福田」長期種出來的。

地球是圓的，福報是真的！

兩個孩子大學一起畢業囉！
態度滿分，快樂破表！

PART 5
男女朋友？建議上大學再說！

交男女朋友？建議考上大學再說！

五、六年前的一個晚上九點，在跑步機上突然一個靈感閃過，向太太說：

「我來寫一篇戀愛標準。」

「啊？你只戀到一個而已就要寫？」兒子聽到馬上打槍。

其實許多讀者一直問什麼時候，要寫孩子的「戀愛書」？問到我自己都感到不好意思了。一位讀者媽媽有次打電話問太太：

「你們的書真的耶！有陪成績就上來了。」她小二的女兒因成績好，男人緣特別旺而被女同學排斥，周遭朋友都是男的怎麼辦？你們什麼時候出男女朋友的書？

「你女兒不是才小二這麼緊張？」

「我女兒很直怎麼都不會舉一反三才讓人擔心。」

「你幾歲她幾歲？你自己不會都打來問了，還要求女兒？」

「啊？我忘了我比她大許多，以同樣標準看她不公平。」

呵呵！我遇到的不只是教育孩子，大人的婚姻、相處之道也成了解答範圍之內，五花八門、包羅萬象。夫妻倆快成為兩性婚姻專家了。

那天晚上我們四個都躺平了準備睡覺，我鄭重向太太及兩個孩子宣布：

「我明天要寫戀愛的單元了。」

「憑什麼？你又不是戀愛高手？」太太大笑。

「可是我是觀念高手啊！」

「嗯！很好，這句話可以寫進去。」

於是，靈感愈來愈多，一篇變成一個單元，一個單元變成都快半本書了。

兒子馬上取笑我：

「自己眼光這樣，你有公信力寫這個嗎？另一半的腿這麼短……？」

課業學習及能力養成需長時間及很大的專注力。分心是大忌，凡事都須有取捨，交男女朋友？可以！考上了好大學科系後什麼樣的朋友沒有？條件夠好的甚至可以海選，不必沉不住氣！時間也多，成熟點了戀愛怎麼談也沒人管你，不必偷偷摸摸，課業壓力不若國高中重，順序不同，結果大多不同！

好多孩子很專心都不一定考得上好校系了，還分心把寶貴時間拿去談戀愛？這也是絕大多父母所擔心的事。

以現在孩子角度會認為我們是老古板，為什麼一定要等到大學才能談戀愛？但以父母立場看的點不同，沒有謀生的一技之長什麼都是假的，看得比較遠、比較務實，且每個階段任務不同！

15歲和25歲眼光不同、要求不同；25和35歲看法不同、成熟度更不同。天生萬物自然有其順序及道理，人不照天理，天不照甲子！

其實這是學業與戀愛在拉距，只要是人一定往較快樂、較有成就感的一方偏而忽略另一邊。這就是我為什麼從小把孩子的寶貴時間導入「學習」這檔事了，讓孩子有成就感、有快樂感。比較之下，戀愛的短暫歡樂根本就比不上踏實的永恆快樂，最多是並進或暫放愛情而非放棄學業。

孩子會陶醉在愛情裡大部分是這個道理，在課業上找不到自我於是就自然往不必考試的快樂偏，沉溺於網路也是。許多讀者很好奇，為何從來書上沒寫過國高中談戀愛的問題？其實孩子從小就被我洗腦了並嚴格監控，高中之前以功課為重。男女朋友？可以，上大學再說，因提前學習功課忙有目標，轉移了注意力也是原因之一。孩子時間太多絕對是致命傷！

最重要一點我們耳提面命，一路上教育孩子什麼的異性可交，什麼絕對不行，從看人談吐、品格，道德標準……都有很深入的分析，也許這種標準不好找，但也因為如此，有這種觀念的異性也在找你、等你！

還有一種狀況，會被誘惑，可能孩子想脫離苦海，家庭狀況不幸福、不健全，大人管太多，陪太少、付出太少，當然孩子會提早往外發展，這時該檢討、改進的就是大人了，很可能讓孩子跳入更苦的海！

大學的兒子幾乎每天晚上10點多才回到家，有次我說有讀者問你們交男女朋友問題。

「我們是戀愛絕緣體！」其實老天爺很眷顧我兩個孩子，高中時女兒讀純女校，兒子讀純男校，又沒有補習，大大減少接觸機會，才沒讓我提早當阿公。

有的同學是為了談戀愛補習，而補習為了分不開，不是為課業。有同校的會利用提早上學或放學後，看太多在公車、捷運上或騎樓下高中生摟摟抱抱，完全不避嫌、不在意他人眼光，我這個老古板還也不敢瞄太久，對方卻很自然，渾然忘我、照親不誤！還嘴對嘴……。

外婆以前常以台語告訴我：「呷緊弄破碗，緊紡無好紗，緊嫁無好大家（婆婆）！」沉住氣，不要急著吃棉花糖。快不如好，好不如合適！

要多比較、會比較，**不是有就好**！

男女朋友也不是有就好，不能像買青菜一樣，難吃最多回收或下次不買而已，要考慮對方素質絕對不能「青菜」（隨便）！

我們都知道貨要「比」三家才不會吃虧，而且到實體店面挑選會更貼近自己實際需要，不要為了省時間看目錄就下訂想圖個方便、懶而將就，後悔的居多！除非真的不重要、無所謂。

前不久家裡近二十年的老冰箱故障不冷了，怕食物、水果壞了，我和太太趕緊到A賣場選購，馬上看上了一台在品牌及價格上夫妻倆有共識算是滿意的，就是「它」了！

太太說好啦！就是這一台！

但直覺上告訴我，現在滿意不代表真正使用後就滿意，一時衝動很多小細節當下有可能疏忽了，先沉澱、思考一下才對！

我說不要那麼快下決定啦！我們再到B賣場看看，如沒有更適合的再回頭下訂即可，不要急於一時，只是多跑一趟而已。

到了B賣場，我們居然看到一台同品牌、同型號但便宜三千元，刷卡又可分24期，條件實在優太多！沒話說，當然就是這一台！

下訂前太太突然發現底層的菜櫃太小又只有兩門，比家中舊有這台小太多，以我們家吃青菜、水果的「牛量」根本裝不下，於是又找到另一台三門的，有兩層隔冰層壁也較省電，底層菜櫃大了許多，而價格居然和A賣場我們原本要買的那一台小的一樣！再笨的人也會選這一台！

這時服務人員聽到了需求馬上向我們推薦，既然要大一些，為何不選擇同品牌加大一層多空間才貴不到九百元？哇！真的是太棒了！二話不說馬上成交！

很簡單的一台冰箱，第一台「就」滿意了；第二台「更」滿意；第三台「最」滿意；第四台「真正」滿意！

「真正」滿意？倒也未必！使用後當天太太馬上說下次要買至少四門起跳的！比較到第四台都覺得考慮有點欠周詳了，那當初要是衝動看到第一台就買了呢？肯定會想撞牆吧！

交男女朋友道理也是一樣，頭先真的不會考慮那麼多，一開始「有」就覺得很開心沖昏了頭，「無」和「有」比較，當然選「有」！但……

「有」和「好」比較，當然選「好」！但……

「好」和「適合」比較呢？肯定選「適合」！

有互相比較下優劣立判，更能精準提醒自己、貼近本身確切需求，雖難以百分之百，但應儘量減少後悔機率，有更多、更好、更適合的可選擇為何不要？在還沒比較下，我們夫妻倆當下即認為第一台冰箱就已是最合適的了。其實不然！

挑朋友的道理也是一樣，不能太隨便，更何況交男女朋友了，因為男女朋友是成為另一半的前哨站，一輩子的賭注焉能不慎？

選朋友先粗步篩選，進階到男女朋友前再細部嚴挑，不要等到感情都陷進去了，而委屈的將就，這時才在思考適不適合的問題。

多比較、會比較後會更清楚自己要的另一半是什麼！

一開始的欣賞、崇拜不代表「喜歡」；喜歡、好感更不等於「真愛」！

交友前提？至少要有加分效果！

對於孩子，從小我們陪得很緊，了解很深，就怕品格上出了問題。男女朋友，寧缺勿濫，當然囉！以結婚為前提的交往對象為佳，不是無聊尋找刺激交好玩的，不然就應退回為一般朋友。

學會看人、感覺人是基本條件，孩子小經驗少，大人要多教導。要注意對方生活圈、雙方價值觀、談不談得來？是否趕流行，是否一身名牌？講髒話嗎？苛不苛薄、做不做作、謙不謙虛、禮不禮貌？為人是否正直、負責、認真、誠懇、實在或自私、貪心、說謊成性……，抽不抽菸、酗不酗酒、吃檳榔嗎？家教、舉止、言談……尊重人嗎？還是常批評罵人？有無雙重標準？計不計較？心胸寬大嗎？

對長輩的說話態度、對方的家庭狀況、父母的身教、道德標準、信用與否？生活是否正常，熬不熬夜、節不節儉、勤不勤勞……等都是參考值。

相由心生，長得端不端正？所謂端正不一定代表帥或美，而是心存善念，一顆善良的內心美，很自然的、樂觀的散發在臉上，呈現在外表舉止讓人覺得很舒服而不具攻擊性，至少不要獐頭鼠目！正面能量要強，畢竟人相面形，馬相毛色！

教導孩子不貪對方錢財、不能金錢往來、不收貴重物品，自我要求成習慣後就成了選另一半的標準了，這些都是非常基本的。有次太太突然問我：

「孩子的對象如果你不喜歡，硬要怎麼辦？」

愛上昏了頭而不管標準？既然自己選擇就自己甘願，除了真的差到極點扯到沒得商量外（可能撕破臉、鬧家庭革命）當然以年輕人想法為主，不會直接反對，但會多加留意。我還是會分析利弊給你聽，結婚是兩家而不僅僅是兩人的事，成人了自己負責、自己承受。我盡力了，也希望你以行動及結果來證明我是看走眼、而你是對的！

拿我自己當例子好了，當初長輩嫌女朋友個子太小暗示最好換一個，但我還是堅持和太太結婚，因腿短和品格無關。

可能許多孩子認為有這麼嚴重嗎？就只是交個男女朋友而已？這麼麻煩、囉嗦？普通、一般的友誼當然不必很計較，但男女朋友是婚姻對象的前哨站，最怕日子久了毫無戒心防備下弄假成真，動了真感情後什麼都睜一眼閉一眼，再差也接受了，那為何不在源頭就嚴格把關？

許多的標準、原則並非國、高中生年紀所能體會的到，太年輕容易意氣用事，不知嚴重性，敏感度、成熟度稍嫌不足，最怕在情人眼中出西施下感情下太重而無法自拔，卻把致命缺點都一一放水，這就是我一直強調及建議談戀愛至少到大學後再說的最大原因。孩子畢竟是孩子，經驗不足，許多沒想到的後果父母要一路提點，才能內化為孩子一輩子的觀念。

考不上好校系自己也會很落寞，別讓自己後悔一輩子，大學後也比較成熟，一切就定位，塵埃落定後，課業沒那麼緊，也不必偷偷摸摸怕父母知道（也許還會鼓勵），朋友、同學素質完全不同，有更多、更好的選擇，實在不必急於一時，還是先把寶貴時間及精力放在學習這件事，先充實自己，不分心下先以升學為第一要務，日後要什麼樣的條件沒有？讓自己和父母達到雙贏何樂而不為？幾乎每個孩子都知道父母擔心的是什麼？那為何要讓大人抓到小辮子？你好我也放心不是合作愉快很完美嗎？

交了男女朋友而成績大退步，那就是扣分了，扣分的朋友值得交嗎？還要交嗎？不然請以事實證明你沒受影響，我鼓勵都來不及了哪有理由反對？

交往前提一定要有加分效果，一加一要大於一，不能只是等於一甚至小於一，小於一就是內耗，當父母的我們就有意見了。

結交須勝己，似我不如無！唉！反正大人就是這麼現實！那為何不做漂亮一點，互取所需、互相服氣、互相尊重、互相開心呢？

尊重始於順序及原則下！

有次到超商只有一位服務生在結帳，後面是大排長龍，而另一服務人員卻只顧自己補貨、整理貨品，對我們視而不見。有的客人不耐久候走了，是不是應先到櫃台消化一下人龍？

物品不會不見，但客戶會流失，是不是結完帳再下去整理也不遲？不然貨鋪再多再齊也沒用，客人走了你也閒了，反正賠的是老闆，而閒的是你賺到？那你工作也快沒了。

我們英文之所以普遍不好（可以說糟透了）除了沒誘因外就是順序的錯誤，先聽說再讀寫才正確，我們卻先讀寫背考再聽說。女人上妝不是直接上就可以，一定是先把臉洗乾淨才能打粉底，有的還固定時間去挽臉去毛呢！直接上？上不去、上不好！

交男女朋友道理也一樣，順序不同，結果就會不同，因高中之前求學階段最好不要分心，還是以課本為重，不然父母可就有話講了，更會擔心。

孩子從國中起，我就柔性訴求、道德勸說，希望把所有心力放在課業，考上好校系，朋友怎麼交你的自由，甚至好好談你的戀愛，只要人品不差、功課不掉，我不會廢話一句。反之，要是荒廢課業大學考不好，戀愛還有心情談下去嗎？

因順序正確，所以我孩子可以考上好校系，也可以大大方方交男女朋友，而且對象、層級完全不同，到時候蒼蠅一堆黏著拍也拍不完！挑選機會也多。

「轉移注意力」也是我能讓孩子在大學前沒把心思談戀愛的一大訣竅。從小的提前學習，忙是常態，成就感是精神食糧，兩相比較之下還是課業上的領先快樂多了，哪來美國時間去浪費在毫無意義的約會上？對比之下戀愛這回事根本變得微不足道，不重要了，只因重心轉移！

我個人從小就怕打針，小一、小二時只要學校要打針一定閃躲，想辦法跟同學換「值日生」故意不去打，因人太多一時也沒被發現。後來自以為聰明，想到一個好方法，只要打針當下我一定用力捏自己大腿，成功轉移了注意力，打針反而不感到痛，這就是大壓小的道理。

現代孩子早熟，有的小五、小六就已情竇初開，純純的愛慕只是欣賞、崇拜，那不叫戀愛，那叫「亂愛」，以單戀居多。

在小六時，班上有一男同學特別喜歡女兒，有次放學為了知道我們家住哪裡，居然一個人追著我的機車跑，真的很危險！還揚言我們國中讀哪裡它就要讀那裡！後來我們故意越區讀，雖不遠但沒公車可直接到達，斷了所有的國小同學。

因為我們家有個很好的習慣——放學後聊天、談心，孩子講什麼儘量沉住氣，不要罵，以鼓勵他們暢所欲言毫無保留、不必說謊。建議、分析、引導、道德勸說，因為甘願、服氣，所以孩子也較聽得進去。

在基礎的國中、小部分最好不要「亂愛」，而萬一在高中時真的躲不掉了怎麼辦？如果對方品格、條件不錯，我不會禁止（反之，會），但會和孩子做個生意談個條件。忙於約會可能造成課業上的退步，請證明這件事不會發生，那我樂觀其成，小情侶共定目標、互相激勵，一起進步也非壞事，把甜蜜的愛化為一股強大動力，相互成長。

那，沒做到呢？表示你並不珍惜彼此情分，不然你會為了讓我支持而更認真努力才對！是不是該收一下心，先把大學考好後什麼時間沒有？遊戲規則，彼此先講好，合情、合理、合人性！大家甘願！

口氣不可太強勢的柔性勸導，做個參考，相信孩子都能接受事前的約法三章，對彼此都好。有的家長高壓處理，不分青紅皂白一味禁止，可能造成對立及孩子情緒性反彈，反而失去溝通及創造雙贏的好機會，日後我行我素再也不會跟你講了，你愈反對我愈故意唱反調！

不能影響到功課、不可偷嚐禁果，要有門禁時間，這是我的底線，如能接受，自然不必偷偷摸摸，我也尊重你交友的權利！

太太很早就曾交代女兒，如果有男朋友，「深交」之前要先帶回家讓父母「鑑定」一下，至少家庭背景不能太複雜（交代不能帶禮物來），面試及格才可進入第二階段的正式男女朋友，不可跳級，不要放感情下去了才發現對方有不可挽回的大缺點，來不及煞車了。畢竟孩子經驗不足，旁觀者清，當局者迷。父母閱人無數，一葉便可知秋，敏感度較高，只要對方一開口便知有沒有！有父母背書及自己判斷雙重保險，相信不會差到哪裡去！

經由旁人點醒更客觀，也許一語能驚醒夢中人！其實女兒在我們長期調教下心中早已有一把尺了，品格是基本分，不行？直接out！不給任何機會。在大學期間已打槍過好幾個了，包括帥的、高一百八的……，還曾被學弟告白。但最高原則，沒fu就要委婉拒絕，不要留給對方任何希望，耽誤人家寶貴青春。

有感覺、品格相對好的，有相同理念、興趣、有話題聊而且談得來的都可再觀察，有資格進入下個階段的細部考驗。

男女朋友是以可能結婚為對象的交往，不是一時興起好玩的心態，不要說沒這麼嚴重、小題大作，一不小心就是假戲真做。

所謂的正式男女朋友是比一般朋友更進一步發展的朋友，其標準一定要在一般朋友之上，不可在一般朋友時先付出感情直接跳過第二階段篩選後的觀察期而結婚，容易應驗長輩講的一句台語：

「美醜沒得比，愛到卡慘死！」

都已付出感情了，還有什麼標準可言？什麼缺點也都放水不會在意了。那當衝動期過了呢？可能就是後悔的痛苦期了，一輩子的幸福千萬不能賭，這是順序問題！能更好為何不要？

毫無原則的尊重不叫「尊重」，叫「放縱」！出了問題到最後還是怪我為何不早說？這會是你要的結果嗎？不會吧？

尊重是雙方面的，是雙向道絕不是單行道！

只要求父母尊重你而你卻不尊重父母？這就是沒有原則！

吸引你的外表，可能就是毒藥！

眼見不一定為憑，有時答案恰好相反！

年輕時不懂，許多事情只看到表面就信以為真，有次到菜市場看到活蝦，認為這才是最新鮮，因為每一隻都活蹦亂跳的，活力十足！價格高生意又好，但誰又知道水裡放了什麼藥所致？

每次的颱風前夕，葉菜類一定大漲，搶購結果造成農民也搶收，除了減少農損外價格又好。但就怕農藥期未過而殘留，所以這段期間我們寧願不吃青菜。

以前有位農民開玩笑的告訴我：

「你們台北人啊最笨了，也毒不死，就喜歡買外表漂漂亮亮的菜，也不知道農藥要下多重蟲才不會吃，稍有個破洞就不買，人家種菜的當然迎合你們買的人，只看到表面的漂亮都不知道吃下多少農藥？」

蘋果如不打蠟、少了光澤，銷路價格都差一大半！香蕉成熟表皮長斑點就少人買，殊不知其貌不揚下酵素多更多，營養價值更高又便宜。

幾年前有則新聞媒體報得很大：「鴨群集體暴斃」！最後檢驗結果是鴨子吃到撿來的高麗菜最外葉，未避開農藥期高出標準所致，難怪太太菜買回來都會多放個幾天才更保險。

曾有次和太太到大賣場買蔬菜突有尖叫聲：「哎喲！有蟲！」一年輕媽媽拿起花椰菜直說好可怕馬上放掉了。太太聽到本來要衝過去告訴她有蟲最好，表示較安全，但還沒來得及說，人已經嚇跑了。家父買菜會找葉子是蟲咬過有洞，醜醜的賣相不好反而便宜、安全，太漂亮的不敢下手。

這也就是丈人一到夏天就不種菜寄給我們吃了，因為蟲多要放更多農藥才種得起來，連自己也不敢吃！那交男女朋友的道理不是一樣嗎？認識對方當然直接從外表開始，長相、高矮、胖瘦、學歷、職業、頭銜、收入……，那是人之常情，但不要被太完美的外在條件就被迷惑住，那只是加分，非基本分！先沉住氣長期觀察其內涵才是首要！在亮麗的外表下，到底有多少真相禁得起時間的考驗呢？就像我們很難想像鈔票居然比馬桶髒了七、八百倍一樣。

我還記得幾年前有天出門買早餐，突然在路上傳來一連串不雅字句：「靠北啊！你聽不懂喔？你媽啦！……」一走近一看，一個約20來歲小女孩口氣很衝，生氣的講手機，長得漂漂亮亮穿得很時髦，怎麼一開口全破功？髒話連篇和清純可愛的臉蛋完全搭不上，還一路大聲嚷嚷……。

印象破滅後，沒有人想多看一眼，會噁心！在加拿大交換學生期間，兒子常和一位在一起求學女的外籍朋友走一起，每一位同學都稱讚兒子：

「你朋友好漂亮！」

回國後我和太太就好奇的問：

「你怎麼沒把她交起來當女朋友？」

「不行！不行！很漂亮沒錯，但人要有想法，如果連生活習慣都不好的是無法再進一步的。」哇！想不到兒子這麼有「想法」！沒有拜倒在「外貌協會」之下。

外貌沒有錯，但不能和內在差太多，不然失望愈大，經不起考驗，再帥、再美反而成諷刺、扣分。沒有內涵者，會令理智者望之卻步，沒比較下很容易陷入進去。就像我曾買過的小保溫杯一樣，看到七顏六色好漂亮就買了，用不到兩年開始掉漆，很後悔，當初倒不如買不鏽鋼素素的就好，始終如一。

購物，一開始會先被外觀吸引然後看價格，但再比較品質及功能後，外觀就好像沒那麼重要了，會考慮實用性。人的外表也是一樣，在還沒了解對方內在品格前，第一印象就是從外表認識一個人，除非早已被肯定。

內在的特質愈豐富愈能彌補甚至追上他人對外表的在意，縱使長得「很抱歉」，相形之下也變得微不足道了。才華、自信、內涵、品格才是讓人長時間欣賞所在，就是帥、就是美！是能讓人咀嚼一輩子的。反之，如果都沒有亮點，對方只好先從外在認識我們。

近20年前，我在路上看上一部紅色機車外型極帥，色澤豔麗，乍看之下，驚為天「車」！不加思索就直接下訂購買，沒問性能、沒查評價，當時好高興選到這麼漂亮的代步工具！結果這部機車只騎7年就報銷了，期間狀況連連，馬力不足又常半路罷工，後悔至極！齁！被太太念了7年。

嚇過一次後不那麼在乎外表了，只要求性能、故障率低又耐久實用，果然換上的這部機車騎14年了還馬力十足、勇猛無比！

金針、吸管太豔麗，豆芽菜、環保筷太白皙都是吸引你的美麗，也可能就是毒藥！雖非絕對，但相對！

以色事人者，色衰而愛弛，愛弛則恩絕！別只看外表，要挑內在美！

人美一陣子，心美一輩子！

外表不重要？也不盡然！

常聽到外表不重要這句話，那是不精準的，怎可能不重要？但有比內在重要嗎？沒有！所以正確答案是和什麼比？這就是比較問題了。

比如說，一般而言，室內空氣是比室外不好的，所以專家會要我們打開窗戶讓空氣流通；那如果外面剛好是大馬路或停車場，尤其是柴油車的髒廢氣你絕對選擇緊閉門窗一整天，比較之下室內空氣乾淨多了。

能力強、品格佳、才華夠，焦點就不會聚集在外表，充其量也只能排老三而已。是加分項目之一非基本分；是次要而非主要！

人長得帥、長得美一定是吃香的，很容易加深對方第一印象，這就是偶像劇都是帥哥、美女的原因。以貌取人是社會現實、職業殘酷、人類天性，看看車展女郎的魅力，吸引多少愛好者，雖然醉翁之意不在酒，但廠商已達到目的了。而經研究結果，美女會影響男性的自制力，誠實度減半，尤其男人又是「視覺」動物，外表怎會不重要呢？

就向外食一樣，色香味不俱全，看第一眼就不想吃，根本沒機會了解其營養價值就可能夭折，但選另一半又是另外一回事了，外在比重不可估這麼重，畢竟商業和家用性質不同。

結婚不久，很自戀的太太有次突然開玩笑對我說：

「你是看到我漂亮才娶我的對不對？」

自己心虛還邊講邊笑，你敢講我不敢聽，真噁心！都快吐了，拜託！我不提號稱一五〇的那雙短腿已算對你手下留情了！兒子還質疑我：

「啊？你一百七十五才要到一百五的，那我比你矮1公分，不是只能要到一百四？爸！你眼光不好！」

還問我相片好看還是本人好看？哎！小姐，請問你哪來的自信啊？

如果不認識，第一眼很自然從外表開始。第一印象當然重要，除非早已認識你這個人。但如果還要再進一步交往，我會長期觀察內在品格了。內在不美，就算你長得再美在我心中也是不及格，我個人喜歡單純善良、正向樂觀有笑容的人，如果全身菸味酒氣、滿口髒話、檳榔，帥美又何用？反而被諷刺，那就謝謝再聯絡了。

要知道，不在乎身高的才是真愛，尤其是女生看男生！

有次回台南載岳母到菜市場，我沿路跟在後面提菜。

「你兒子載你來喔？」

「女婿啦！」

「女婿？不錯，漢草好（體格），夠高，緣投啦！（英俊）」

身高優勢引起讚美，聽得我都不好意思了，南部人不但親切，連講話都這麼實在！

許多年輕人談戀愛，只要我喜歡有什麼不可以？以貌取人下完全不考慮內在品格，直到受傷後才發現只要對方真心對我好，其他都是其次了。

雖說人要衣裝、佛要金裝，但愛因斯坦卻打破了這定律。生活樸素的他每次上街衣服總是破破舊舊，老友要他換一件。

「反正這裡也沒人認識我。」

幾年後發現了相對論名滿天下，老友看又是這件大衣總可以換件新的了吧？

「反正這裡的人都認識我了。」

是的，一個人受肯定後，外表已微不足道被狠狠的比了下去，焦點被轉移到其實力及成就了。也就是說先看到這個人的才華、品格時，高矮胖瘦已不重要了，大優點蓋過小缺點，瑕不掩瑜；反之，如不是先認識內在或沒什麼內在才華讓人肯定，焦點很自然就聚集在外表。對於素質極高的人，早已超越了外表層次，這就是為什麼臉書祖克柏這麼欣賞他太太的原因，而酸民不懂！

所以我不會說外表不重要，而是你和什麼比？和內在比當然不重要。郎才女貌、內外兼具、文武雙全，當然是第一選擇的天菜等級，進得了廚房、出得了廳堂。人美心又美，高富帥、白富美人人愛。但，難！

人無完人，金無足赤！我們自己都沒那麼棒還要求對方？第二選擇當然選心美，長相相對乾淨、樸實、正派就好，也不必故意找一個「真的很抱歉」的，這就是太矯枉過正了。再來看看對方家庭、朋友圈……，依序比較、淘汰。

一顆我們吃的高麗菜約75天左右的生長期，農藥至少要下個五、六次，但自己吃的最多三次，在後面的兩、三次不放，就差在這裡，被蟲吃過醜一點沒關係，表示農藥期已過。但是要賣的為了賣相佳大部分會噴到底，不然被蟲吃得醜醜的，賣相不好會賠本，送人都嫌噁！

知道真相後，如果難以兼得，當然選擇沒農藥前提下而外表沒那麼恐怖、相對好看的（而不是故意選特別醜的），不可能為了表面的美麗而寧願長期吃農藥！除非不懂！

準男女朋友（極可能是結婚對象）以滿分一百來談，一開始比例我會約略分為：

內在60％（包括努力態度、人格特質、道德標準、健康、情緒、智慧、能力……）、經濟基礎20％、外在10％、其他考慮因素及變因留10％；畢竟有錢「男」子漢，沒錢漢子「難」！這麼現實？對，就是這麼現實！愛情難以當飯吃，貧賤夫妻百事哀！當然是有例外的，但真的不多！但被肯定後，外在就不是那麼重要了，多出來的10％可放在口才或幽默等等，因為每個人特別喜好的點比重不同，基本分不能動，其餘可挪。

以品格、內在美為圓心儘量往外一層一層拓展加分，加愈多分當然愈好。由此看來，拿不到內在的基本60分，長再帥、再美、再有錢也是不及格！

我三十多歲時常被臨檢，走在路上也有事，波麗士人總愛攔我看證件，我像通緝犯？自己檢討一下，那段期間很忙常不修邊幅、衣衫不整、穿著拖鞋就出門，如果穿西裝、皮鞋，結果就會不同了。

外表不重要？也不盡然！不然那麼多人整型做什麼？可以是參考選項之一，但不能是唯一！如果是「外貌協會」的一員也沒有錯，但尋找另一半時其順位一定要在內在品格之下，絕不是排在第一順位！

曾有位住院醫師被家人安排相親，女方雖然滿意男方的醫師職業卻嫌他胖，有九十多公斤。可見基本分雖然重要，外在也是加分條件之一，難以全部切割，這是人性！

有的人很陽光，滿滿的正面能量，有的人臉很暗沉又帶點憂鬱；有的人長得乾乾淨淨、憨厚老實，單純又善良；而有些人卻是滿口髒話，長得像凶神惡煞讓人敬而遠之。

所謂相由心生，內在會影響到外在，由外在也可看出幾分內在。

被了解之前，要先被看到！了解需時間，而看到只要一瞬間。所以大家才揶揄說：

「人帥真好，人醜性騷擾，吃草就好！」這麼現實？

對！除非你心很美，那人外表美不美就相對沒那麼重要了，而不是不重要！

好壞三頓燒，美醜三分笑！

多年前有位老師聽完演講後問我有沒有寫戀愛的事，何時談較好？

「當然上了大學最好，萬一高中就有也不能犧牲課業學習，應互相鼓勵、成長，有進步我們也樂觀其成；若一落千丈那就須有取捨了。」

「我女兒不會有男朋友啦！長得很抱歉……。」

「不會啦！每個人欣賞的角度不同，只要努力被看見，反而會吸引識貨者，多得是蒼蠅一堆，生緣不生美啦！」一個人如果沒什麼內涵，才會只剩下外表。

曾有位年輕帥氣的獸醫愛上一位不是普通胖的女孩，甚至結了婚，還被母親拍桌咆哮「你是娶不到老婆嗎」？

只因為愛上其個性：純真、樂觀、認命。適合打敗了最好！

太多太多的優秀及美德早已超越一時的外表層級了。娶妻娶德，不必膚如凝脂或脣紅齒白，美而無德有如沒有香味的花，只能觀賞卻難以融入！有次到幼兒園演講，我的人喜歡和聽眾互動，第一排的年輕媽媽抱著兩歲女兒，

「你先生好帥！」她一臉不屑，馬上打槍回來。

「到這個年紀，帥？沒有用啦！」先生一臉尷尬。原來，結婚前後對帥的定義差這麼多！曾經聽過一群年輕人相約載妹兜風，以前習慣玩丟機車鑰匙遊戲，再由女生各自去撿，男生很現實，載到好看的都故意載很遠、很晚；載到抱歉的就丟包，很現實、很傷人！

年齡不同，看的點不同。年輕人重「外表」，有年紀的傾向「實用」。我自己也年輕過，買車當然選白色，外觀一定要流線型才要。太太建議另一輛兄弟車較實用，我嗤之以鼻：

「哼！這麼醜，送我都不要！」

仔細思量老婆的話後，兩年後我買了這部送我都不要的醜車，因實用、省油、七人座、CP值高，在我眼裡、心中不管怎麼看它、想它全部都變美了，也因外表不搶眼反而不怕被竊賊看上眼，放心多了！

幾年前要趕去拍書的封面照，我隨手攔了一部計程車，卻令人很失望。一下車後被太太念慘了：

「一樣的車資，為什麼要選一輛髒髒、舊舊的？」

對喔！說得也是。車子可以舊，但不可以髒，髒就是懶了。就像大家說的，沒有笨學生只有懶父母、只有懶女人沒有醜女人道理一樣，尤其男人如果好吃懶做，家庭就毀了，所以認真上進、有自信的人才帥；勤勞樂觀有笑容的女人最美！初次見面我也是看到太太有自然笑容、樂觀才留下第一好印象。

醜醜菜一步燒，醜醜某一步笑，「微笑」是最好的化妝品，生緣「就」生美，有同理心、懂得感恩，蕙質蘭心勝過一切！

人家常說「歹歹馬也有一步踢」！如果連一步都踢不出去，那真的是「窮得只剩下錢」、「醜得只剩下一張臉」，外在不怕窮及醜，但就怕內在！臉上一定要有笑容，心美看什麼都美！

有時對方顏值不高反而更幸福、更珍惜得來不易得婚姻；反之，反而怕對方外遇，因相對會容易些！

以色交者，華落而愛渝！「人無笑臉莫開店」。有一種美叫健康、有一種美叫善良、有一種美叫微笑。更有一種美，叫「態度」！

「高的、帥的、有錢的不要嫁！」？

年輕時大部分看外表；再大一點時欣賞才華；再成熟、穩重了就會看內在品格了。等熟透了後更務實，會參考財務狀況及適不適合自己！

一位少女放天燈寫夢：

「一七五公分，高、瘦、帥，哈！」

我看到新聞馬上告訴太太：

「這個女生根本是在找我，一公分也沒差！」

「會吐！」

少女情懷總是詩。

孩子長大了，父母多多少少會談談交男女朋友的看法及原則。幾年前有次聊天當中，太太突然告訴當時大學已快畢業的女兒：

「記得，高的、帥的不要嫁！要肯努力、勤勞、腳踏實地的才好。」

我在旁邊聽到差一點從椅子掉下來！

「那你為什麼選擇嫁給我？」一七五公分的我也不窮，是有一點帥啦！太太無法反駁，只是吐一下舌頭……。

話不能這樣講，難道要女兒特意去找一個矮的、醜的、窮的？也不是這樣的嘛！有點矯枉過正。明明有「天菜」，為何要選「剩菜」？

怕女兒誤解，我趕緊跳出來再補充說明、分析。如果品格不佳，不懂得體貼、尊重對方，再高、再帥、再有錢也不予考慮！反之，有想法、有目標，肯奮鬥、吃苦，真心對你好，那其他都是其次了。

也就是說和品格相抵觸下，高、富、帥反而是諷刺、是扣分，寧可放棄；那如果基本的品格沒問題，那高富帥就是加分條件了，沒必要像太太說的把高的、帥的特別排除在外吧？就如火車，誰不知安全比準點重要？但如能安全又準點，不是更好？

有次電視上的一位專家曾講過的一段話也是很容易被誤解：

「女生要嫁，如果能夠選擇，還是嫁有錢的。」

這句話也是有語病，應該是有前提的才對。

「你意思是女兒以後一定要嫁有錢人囉？」太太反駁。

「不是！不是！有經濟基礎、財務健全也非常重要。但如果只能二擇一，一個很認真沒錢和另一個有錢不認真的，我還是會選擇前者的。當然，兼具二者優點更好，不必特別排斥有錢者，就像不必排斥高的、帥的道理一樣，只是高、富、帥不能排在第一順位。」

以比例來說，對方的條件愈好愈有優越感，也因條件太好讓人更容易陷下去，不敢要求對方、不敢表達自己真實的一面，氣勢、自信輸一大截，難以平起平坐，除非能體諒、包容，不然久了就容易失衡出問題。反而是有點小缺點、小缺陷的人覺得自己的不足會更珍惜得來不易的緣分，較能體諒對方。

誠如一位女性友人長得十分標緻，而先生很早就禿頭，對太太卻疼愛有加，家庭十分美滿，那禿頭反而是優點，也較不容易外遇！

根據研究，有錢人較欠缺同理心，難以接地氣。

其實，傳統觀念很難一下子改變，女強男弱、女高男矮、女富男窮、女醫生男護士總讓人覺得像男主內女主外一樣怪怪的，而女嫁豪門、女護理師男醫師卻是天造地設給予祝福！

第一印象的完美或奇怪也不代表其結果，太太一位高中同學有一百七十公分高，嫁給一百六十多公分的先生，也承認一開始有心理障礙，不太敢走在一起。而今一對兒女非常優秀，先生努力、薪水也高，對她又好，自由幸福，夫復何求？

當然不是鼓勵大家一定要嫁給不高的，那我這個高的豈不是遭殃了？而是找一個真心對你好一輩子的另一半更重要，這是基本的第一要件，其他什麼高矮、胖瘦、美醜、窮富只是加分條件，放在第二或第三順位考慮。

幾年前我到新竹偏鄉一所國中演講，會後校長很熱情留我吃便當，閒談中談到他兒子一直羨慕某學校的女生好美，自己學校的卻……。

他馬上糾正兒子：「外表容貌會老去，人老了哪一個漂亮的？都一樣，但內心的美是一輩子的。」

是沒錯，但會不會讓孩子誤以為好像內在很美的人都會長得很抱歉而以後看到美的就直接排斥？就像太太告訴女兒高的、帥的不要嫁一樣？

要是我對兒子會換另一種講法，分三級出來分析就很清楚。

容貌你喜歡並有心動感覺而內在又美，這是第一級；

外表過得去看得順眼，而內在也很美，這是第二級；

內在品格不好的不管美不美、帥不帥，這是第三級。

有第一級人選不必硬選第二級，但也不要貪圖對方美色而流落於第三級！

有德有才是上品；有德無才是中品；無德無才是庸品；無德有才是毒品！

太太所謂的「高的、帥的、有錢的不要嫁」，是告訴女兒不能選「毒品」，但有「上品」也不必直接選「中品」！

「德勝才者謂之君子；才勝德者謂之小人。自古以來國之亂臣、家之敗子皆才有餘而德不足！」司馬光是這樣說的。

高、帥、富非原罪、不是不能嫁，也不必特別排斥，但需華實相稱。可以帥可以美可以富但不能傲、不能驕、不能公主病、不能好吃懶做、不能華而不實、不可排在第一順位！不然寧願選擇不帥、不美、不富，甚至從缺！

一開始窮也沒關係，但要吃得了苦。只要有志氣，蓬門華戶寒苦人家我都接受。肯努力、有想法、有企圖心的人不可能窮一輩子！

「歹田望後冬，歹某一世人！」繁華富貴有時盡，歹歹尪食未空！不一定要高、富、帥，要嫁就嫁給真心對你好又疼你一輩子的男人！

兩個孩子都長大了~我們的全家福

PART 6
所有順位須在品格及感覺之下

有共同話題，聊得開、合得來！

男、女朋友如果其中有一個能引導話題、帶動氣氛的那再好不過了，雙方一定要有話題聊得下去，不然日後生活一起一天講不到3句接不下去，擠不出來，每天總是環繞在柴、米、油、鹽、醬、醋、茶日子會很冷、很乾、無趣、枯燥無味，那如何快樂走一輩子？當然，有幽默感的更好！（這條件好像在說我自己）

太太一次不經意的承認，自己跟別人很難聊很久，也不喜歡談八卦，就出一個「徐權鼎」例外！

哈！這是在稱讚我嗎？

嗯！有可能！

28年前手機未普遍時，交往之初的我們曾以公用電話聊了7小時，誰也捨不得先掛上電話，就這樣我們從晚上11點講到第二天早上6點，太太在宿舍公用電話旁或站、或坐、或靠……（不知道有沒有或躺？）。

插卡沒錢了就投幣，我很好奇她當時哪來那麼多硬幣？

近6點起床的外婆還好奇問我：

「你怎麼這麼早？」我不敢說和女友聊天聊到現在還沒睡呢！

哪來那麼多廢話好聊的？無非就只是想多了解對方這個人而已，天南地北無話不談，真的是人家說的可以從行天宮談到內子宮，無所不聊。聊興趣、個性、聊價值觀、人生觀……，對方有興趣就會各自一直找話題而不倦，也因彼此都是基層窮苦人家出身，聊不完的共同話題，沒睡也願意，第一步的感覺對了，互相有fu！

結婚近27年了，「話量」不減當年。正式場合別看我們很正經八百，其實私底下兩個在家很隨興、再三八不過了，無所不談、無所不做，都快領老人年金了還像孩子，保有赤子之心，每天鬥嘴當有趣！

兒子在小學很想高人一等而勤打籃球，身高一天還量三次，至少要贏過爸爸一七五身高，經過多年效果並不好，看到號稱一五〇的媽媽後就放棄了，夢想破滅並開玩笑的虧我：

「爸！你眼光有問題啊？害我長不高，怎麼娶一個不會英文，腿又這麼短的，這款的你也要？」

「沒這個短腿的會有你？」我反擊回去。

兒子小六一位資優班男同學一六〇而其父母都不高，當時兒子只有一五多，兩人努力打球期待更高。

到了國中，兒子已一七〇，這位同學還是一六多，兒子問他：

「你怎麼都沒長高？」

「可能沒辦法了，你看我媽，再看我爸……。」

我安慰兒子，還好你只需說上一句「你看我媽」，不必說下一句。

兒子小時候還替當時的我們煩惱，好奇的問我：

「爸！你們身高差這麼多，以前你和媽媽怎麼親親的？」

「她不會用跳的或站在椅子上喔？」

「你們好笨！你不會在胸前畫上嘴巴讓媽專用……。」

什麼跟什麼？虧你想得出來，幹嘛那麼麻煩，我只要蹲下來一點就好了。你這麼有經驗，莫非也交了一個短腿的？

三不五時我有意無意都會揶揄徐馬麻的身高，個子雖小，被激久了還是不好惹的。有次她真的不是很高興的反擊嗆我：

「哼！嫌我腿短人矮？我躺著比你高啦！怎樣？」還自己邊說邊笑。

什麼意思？怎麼可能？小姐，請問你哪來的自信啊？我一時無法會意過來，想了一天還是不懂，為什麼她躺著就比我高？我到床上躺下來還是想不透，只好反過來請教徐馬麻……。原來是兩個都躺下來後，比胸部高度！廢話！躺下來我比你高就慘了。害我百思不得其解，是你太幽默還是我太老實了？

我罵她是「白目」1號，她卻回我：「你是特大號啦！」後來我都簡稱她為「自強號」，她卻叫我「普悠瑪」！

兒子常笑我們真是絕配，一個是「郎ㄍㄧㄥ春」（人撿剩的），一個是「收貨底」，反正都沒人要，勉強湊合湊合！

句點王的太太剛好配上我這隻麻雀引導，不然會像新竹西北方的一個漁港——南寮（難聊）！

慎選對象要小心，要注意在一起時，是否有愉悅感及安全感？千萬不要婚前很「健談」，婚後很「健忘」；婚前好「能聊」，婚後好「無聊」！

戀愛兩個人，結婚兩家人的事！

找到合得來的不容易，太太年輕時早有心理準備，抱著獨身主義的想法，須符合心中的那一把尺，知道自己要的是什麼。

遇到不對的人、和父母相處不來的人寧可小姑獨處一生，別看她個子小小的，對於另一半可挑得很！

在我之前，曾有一位非常優秀的準留美碩士追求太太追得很勤，條件非常的優，不論家世、經濟、學歷……等都是一時之選，台北護專畢業當天還專程送來一大束花製造驚喜，講不到三句話，沒被感動就算了，還急著推對方趕緊坐公車回家……。

這麼棒的人，連一點機會也不給？

「啊！我知道，不帥！」我吐槽太太。

「比你帥多了！」

「不高？」

門。」

「也不會。」

「那為什麼狠心拒人於千里之外？」

「沒fu、沒話講、太木訥，也怕他不會講台語，無法和父母溝通，也不想進豪門。」

意思是難以融入、打成一片，也太靜了，有點無趣，條件雖好也無感。

哎！也對也不對，太太真的想太多了，有點太挑了吧？

太太繼續說下去：「想說找一個有點ㄙㄨㄙㄙㄨㄙ有點吵、會講話的就好！」

喂！你到底是捧我還是損我？

癡情男到了美國攻讀碩士期間，持續寫信追求，直到太太告訴他已結婚了。不肯輕易罷休的癡情男還不願相信，「除非寄來一張婚紗照」！

太太馬上寄了一張我們的合照後才死心，也許到現在還在納悶為什麼會落選？不知道也好，如果知道敗給一個國中畢業的可能會鬱卒的想去撞牆！

輸在口才、輸在幽默感？都是。還有默契、頻率及感覺！

原來太太的句點王是遺傳到岳父，但我就是能融入他們家庭，比家人還家人！每次回南部，四、五點我必定跑到田裡找丈人聊天，一開始他也是靜靜的，只願做田事，一次、兩次被我逗到會開口聊年輕糗事，原本靦腆不愛說話的人居然講個不停，甚至滔滔不絕，細說腳下這畝田的故事。

「我13歲就種田，做60多年了。小學常蹺課去玩，書怎麼讀都不會，所以都考零鴨蛋，哈……。不乖就被我老爸拿藤條抽！」

欲罷不能下，我陪、我聽、偶爾插個花，展現我的功力。

「當兵時，連長要教我認字教到火大，『他麻那個逼，怎麼教都不會，哪有人這麼笨的？笨到這種程度？』」

什麼字都不會，連長只好派他當傳令兵，這時營長也有意見了罵連長：

「你們連上是沒人了嗎？派這個什麼都不會的！」

「後來連長派我去賣香蕉，找錢會吧？」

丈人自己邊講還邊笑得很開心！

和岳母的互動也不遑多讓，人家說「丈母娘看女婿，愈看愈中意」，就是這種感覺！

有次見岳母拿水直接沖電風扇，我看到了。

「這樣怎麼會乾淨？」

我重新拆解，用菜瓜布刷扇葉，滴油進輪軸後再組裝完成。哇！太乾淨了，亮晶晶轉軸又順、風又大，岳母滿意極了，忍不住讚美我：

「還是你卡巧！」聰明而已嗎？還有勤勞好不好？

「沒巧（不聰明）你女兒會愛上我？」

「喂！春秀啊是很『恰』的嘿！很多醫生喜歡，她都不要！」

「那些醫生一定沒有我緣投（帥）啦！」

「啊摸到的啦！」

摸到的？丈母娘！你自摸玩太多了嗎？把我當那副牌被你女兒幸運摸到的？

我洗完冷氣網後，丈母娘拿一把菜刀要我磨，磨完後她滿意極了，順勢又拿兩把出來排隊……。

還交代一、二樓共計五台冷氣網由我包辦。

哎！我在自己家都沒這麼勤勞！

原來，我的長項除了很會哈拉外，也很會做家事，才這麼有人緣，得長輩疼。

哎！你不嫌我貧，我不嫌你醜！大家互相不計較就合得來、有話聊。

為什麼連醫師也不要？其實太太顧忌很多，家世財經背景差太多的也不行。不想看人臉色、矮人一截，甚至卑躬屈膝，還是平凡做自己較自在、快樂！難怪醫師也列入太太的拒絕往來戶名單中。

只要有我在，就是開心的保證，徐馬麻絕不可能無聊。每次回台南岳父家，整個屋頂都快被我掀掉！泡茶、聊天有我在絕不冷場，只有笑聲，好不熱鬧，天花板差點震垮下來，早已融入對方家庭，分不清楚到底誰是丈人、誰是女婿了。岳父、母還叫我「畜叫」，畜牲在叫？不是啦！是麻雀的台語，意思是很吵！而且是一大早！我已做到久不回南部，兩個老的會一直想我的地步！

當然，太太也把「女兒賊」這角色發揮的淋漓盡致，舉凡青菜、水果、吃的、用的，連醬油、椅子都好，只要喜歡的都可以搬回家。每次空車去，一定滿載而歸。很多人稱讚太太很聰明，錯了，她是有智慧！聰明是反應（及時），智慧是思考（內化）。

而今，快27年了，證明徐馬麻當年的堅持及選擇是對的，還告訴我如果不會說台語，她不會考慮嫁給我，怕和父母說不上話。難以融入，不親就不像一家人了。

因為結婚不是兩個人，而是兩家人的事！

找另一半，幽不幽默很重要！

有個週末我獨自到大賣場買所需品，由2樓上了又長又遠的手扶梯，前面一位年輕媽媽推著購物車，坐在裡面約7、8歲的兒子突然指著牆上廣告模特兒大聲對媽媽說：

「媽，你比她漂亮！」

媽媽高興的彎下腰來親了兒子一下，笑得好開心。

站在最前面邊滑手機的爸爸冷冷的對著兒子說：

「你眼睛瞎了啊？」

我非常好奇地上前一步鑑定一下，到底是誰在說謊？

這位媽媽一副不屑的樣子也沒生氣，一笑置之，可想而知這是他們平常習慣的生活模式及默契。

媽教得好，孩子嘴甜，爸爸幽默！

當場聽了想笑又怕失禮，忍住回到家裡差點得內傷！

只不過，孩子這個謊也未免撒得太大了點吧！

生活樂趣太重要了，有幽默、笑聲點綴心情就是愉快，笑口就是常開，不然一輩子這麼長，如何輕鬆愉快過一生？我個人不喜歡太沉悶的氣氛。

10多年前寫第2本書時曾要求太太寫一篇後記讓我放在後面會更精采。想不到她一直推託，堅持不寫。

「不行！不行！我很久沒寫作文了。」我情急之下脫口而出：

「你怎麼這麼沒用？」

「我就是沒用才嫁給你的啊！」什麼意思？怪我囉？那不坐實兒子說的我真的是在收貨底的？哎！被反將一軍，罵到自己！

每天七點半垃圾車會準時到，我聽到音樂聲時嗓門會自動大開對太太說：

「某ㄟ，你來囉！」

而太太反應也是滿快的，馬上反擊：

「你才是垃圾啦！」

我趕快拿著廚餘、垃圾出門，不跟你「鬥嘴鼓」了。這就是為什麼我喜歡到處演講的最大原因，因為那天我不用倒垃圾，太太找不到我只好……自己去倒！所以也提醒各位有女兒的父母，找老公最好選一個會倒垃圾的更好！

有次演講回來，太太就對我說：

「每次你出去演講我都很懶，都沒吃飯。」

「啊？你都吃麵？」

「沒有啦！是沒吃啦！」

「啊？想我想到沒吃？我有這麼帥嗎？」

太太早已笑倒在沙發上了，無力回答又無奈，遇到這種老公！

幽默是必備的，日子不無聊。心情好、笑聲多、家庭氣氛佳，感染每個人，不必用健保卡！

粉絲都清楚，我婚前對另一半的選擇堅持三不：

不護士，不差三、六、九歲，不低於一六〇。

結果我的老婆是護理師、小我三歲、號稱一百五！

有場演講，聽眾開玩笑的罵我「報應」！你不想要的，老天爺偏偏塞給你，三不變三要！

至於為何堅持三不多年？只因長期以來長輩灌輸的傳統錯誤觀念一時轉不過來造成。

我自己一七五當然不希望對方太矮，不然走出去會像七爺、八爺；祖母生前千交代、萬交代，不能差三、六、九歲，屬大剋，我深信不疑，直到叔叔和嬸嬸曾拿刀吵架又離婚，我發現他們差四歲。這就奇怪了，差四歲不是大吉、百年好合嗎？每一本農民曆是這樣寫的啊！

至於護士，是服役時經過排長寢室時，排長的護士女友可能正在看有器官的書籍，一直大喊「這我看過、有看過」。當時留給我印象很差，怎麼這麼色？你器官看這麼多，會不會對我的沒新鮮感而性冷感？那我婚後會不會太不幸福了一點？一位阿姨的媳婦是護士，婆媳相處的極不和睦。阿姨也一直告誡我千萬不要娶護士。為什麼？因為看得懂藥，萬一相處不好，怕被毒死！

這就太扯了，無稽之談、危言聳聽！女兒還是藥師，我到現在還不是活得好好的？現在有年紀了，病痛難免，才發現還好家裡有護理師、藥師真方便、真幸福，以前是自己想太多了的錯誤觀念。

寒假時有次我們一家四口想一起出去吃午餐，太太說話了：

「本來要吃飯，現在改吃牛肉麵了。」

「為什麼？」

「因為ＭＣ來想喝熱湯。」

「啊？這麼善變？換來換去，那你ＭＣ來會想換老公嗎？」

「不會啦！大方向不會變，會換小地方。」

老婆常說她很幸運，這輩子做最對的一件事就是嫁給徐權鼎，我聽了雞皮疙瘩都起來了！也不知道是否年紀到了，最近太太愛我愛得要命，叫我不能比她早掛掉，不然會哭死，難以承受之痛！萬一成真，她骨灰罈也一定要放我旁邊！什麼？連我掛了都不放過？

有次剛好電視播放「兄弟不求同年、同月、同日生，但求同年、同月、同日死」，太太聽到後如獲至寶，馬上大聲嚷嚷：

「有這麼好的事？那我也要和徐權鼎同年、同月、同日死！」

天啊！你一句話就決定了我的死期？都沒問我的意思？還說什麼下輩子還要嫁給我……。都沒有問我願不願意？

可以考慮一下嗎？

好情人、好老公？浪漫或務實？

好情人不代表是好先生；好老公也不一定是好情人！這是兩碼事！

我自己很清楚，並不是一個好情人，但卻被大家公認是一位好老公！婚前的我一板一眼，很嚴肅，一副撲克臉，連小朋友看到我的臉都會哭，跟浪漫二字根本沾不上邊。不懂甜言蜜語、沒有承諾、沒有告白、沒有鑽石、沒有精心設計的求婚橋段；連結婚都心繫事業而沒有出國度蜜月。只有從台北開車到蘇澳、花蓮、台東、南橫繞半圈台灣，第三天直接回台南歸寧，沒了。

當時我一心一意只有事業，根本不知女人是很重視這一生只有一次的人生大事。更好笑的是，沒有情人節、沒有禮物、沒有大餐、只送過一次花、只看過一次電影、只去過野柳玩一次，約會地點不是在太太工作地點就是在我店裡，她有連假就一起回南部太太娘家，平淡的可以！

我真的不是一個好情人，很木頭！但至少正派、實在、真心、不欺騙、言行如一。婚前不以浪漫來掩飾自己的真性情；但婚後一直努力成為一位好先生。

不拈花惹草、沒吃喝玩樂，賭博、抽菸、酗酒、打牌、檳榔通通都沒有，更不可能有外遇。就算吵架也絕不提離婚二字，夫妻間相知相惜不計較，多為對方想一點、付出一點，才能保鮮一輩子！

現在的我根本都不太敢跟太太吵架了，因為車子、房子都是她的名字……。

實在是看過太多在婚前熱烈追求，極盡心思、設計浪漫橋段而求婚成功，讓人只羨鴛鴦不羨仙，當下令人感動並默默給予祝福，可是有的怎麼撐不到多久就離了？那之前的追求及排場算什麼？演出來的？兩相比較下令人作嘔！

曾有位男老師想在一次學校田徑錦標賽閉幕典禮向另一位女老師求婚，還事先要求主辦單位保密，以頒獎名義讓女老師上台後，躲在一旁的男老師帶著戒指及鮮花跪在地上向這位已相戀三年的女老師求婚，台下學生還躺在地上用人形拼出「I LOVE U」，好不浪漫！誰不感動到淚流滿面？每個女生遇到這種驚喜，根本招架不住，誰受得了？幾乎都會回「我願意」！

結果，兩年後男老師就搞外遇，還讓這名小三女大學生懷孕、墮胎，被校方解聘連工作也丟了。

公主與王子終究是個故事，回想起來不諷刺嗎？

婚前、婚後判若兩人的例子真的不少，報載一位貨車司機婚前隱瞞吸毒惡習，聲稱想買拖車擁有自己事業，日後能買房養家育兒，邀女友當車貸保人。女生當時很感動，認為對方很有上進心，答應下嫁並作保。結果先生婚後一年露出真面目，吸毒又家暴、車貸也沒錢繳……。

不斷被要錢買毒品，不給就挨打，弄到最後薪水被查封……。背著一身債的女主人只好賣房產並訴請離婚，爭取兒子監護權。太慘了，只因婚前太容易感動了，那叫衝動！！

君子先擇而後交，小人先交而後擇！前者寧缺勿濫，後者寧濫勿缺！有位知名女歌星又是名主持人，歌唱得很好長得清秀又有人緣，多少男士追求想一親芳澤都不得其門而入。還有人大手筆送了六千朵花還是鎩羽而歸！

直到有位男士的真情告白：

「結婚後不用你洗衣、不用你煮飯，我只要每天回到家能看到你！」一句話打敗六千朵花，誠意戰勝浪漫，成功打動芳心。因為她知道，六千朵花很快就謝，但未來超過六千個日子真心、快樂不變！

三十年過去了，證明這位女歌星選擇非常正確，當時能理智分辨出誰才是真正愛自己。婚後先生疼愛有加，幸福美滿，傳為佳話。

而送花的這位卻因花心而晚節不保。

感動前先冷靜想清楚，不可來者不拒，更不能隨便感動，不然就叫作衝動了。有的女孩子天真單純，認為只要有了男友一輩子的愛及呵護就夠了，心軟的接受了追求。萬一遇到自私的大男人，認為當初自己花了多少力氣才追到手的，付出去的，婚後無形中會想一點一滴的要回來，平衡一下，這才可怕！巧詐不如拙誠！

我不是說浪漫不好或不對，很好、很對！但希望婚後也能保持一致，落差不能太大，不然當初的你儂我儂、如影隨形又算什麼？那我寧願選擇平凡、平淡！

不要聽太多海枯石爛、有情飲水飽什麼都好之類，畢竟那是電影情節。只在乎曾經擁有，不在乎天長地久？（我說過，但也做到了，是諷刺做不到的人。）還是不在乎能撐多久？當過了熱戀期，激情退了還是得回到現實面！

有段歌詞是這樣寫的：「認識你之前『無靠無依』，認識你之後『無藥可醫』」。

很多交往初期愛得死去活來、你儂我儂、乾柴烈火而閃電結婚，在了解不深、體會不夠下禁不起長時間共同生活考驗馬上又閃電離婚！

婚前噓寒問暖、體貼入微、呵護備至、百依百順、大獻殷勤、製造驚喜；婚後怎麼變成冷嘲熱諷、幸災樂禍、自生自滅、不聞不問、頤指氣使，只有驚嚇最後欲哭無淚難以收拾、獨自承受！反差實在太大！

小女生單純，不知人心險惡，一下子就昏頭。有的男生心眼壞，短暫討好你再說、先上鉤再說，追上了後就原形畢露、不珍惜。很多行為不是自然表現出來，而是特意「表演」出來的；而婚後對另一半的默默付出請多感動一下，不要交往時只看好的優點、忽略缺點；而婚後卻直挑缺點，不珍惜優點。

其實雙方的個性很重要，是否和自己合得來？當你低潮時，肯聽你內心掙扎點；當你需要對方時，能放下手邊工作出現在你面前為你設想、為你擔憂。陪陪你、聽聽你心聲、想法及委屈，隨時帶給你快樂及安全感。再難的關卡也一起面對，找到真心對你好的人同甘共苦，以後老了願幫你翻背、拍背，推你出去曬曬太陽，執子之手，與子偕老。

這時美醜、窮富已是另一回事了。有心勝過有錢，真心贏過高富帥美！

香港影帝梁家輝，太太因生病而身材走樣被八卦週刊拍到，大家直覺怎麼兩人不怎麼登對？但影帝卻不畏他人眼光回應「她是我心目中的鑽石女人」。

「曾經你陪我窮，今生我陪你老！」

多少人為之動容而感動不已！這才是真愛、真男人、真浪漫！

遇上這麼有情有義的好男人，這輩子夠了、值得了！

容貌會變、身材會變、經濟會變，真心不變！

衝動是一瞬間，感動才是一輩子！什麼是永恆真浪漫、什麼叫瞬間假浪漫？請務必拿出理智冷靜再三思！尤其是純情、單純、善良少女最容易淪陷！

愛情與麵包？浪漫或務實？好情人、好另一半？誰都想全都要最好，如難以得兼下我會選第二順位的務實好另一半。外婆生前常提醒我：未想贏要先想輸！心態須改成可能失敗而事前更小心謹慎，非認為一定成功而大意疏忽。

人之相識，貴在相知、貴在相惜！不要婚前「哄」而婚後「吼」；婚前「型男」婚後變「渣男」？婚前的「小女人」婚後成了「母老虎」？

這就是為何一開始源頭要謹慎把關要謹慎的原因！畢竟相愛容易相處難，婚前浪漫婚後難！

只有包容、只有體諒、只有磨合、只有付出。有了這些，不夠浪漫又何妨？

要有想法、勤勞積極、**吃得了苦**！

只要抓到空檔我們家四口都會一起回太太娘家看看兩老，岳父泡著茶看看電視、話話家常、說說笑話，人生平凡的幸福大概就是如此了。

談著談著，說到一位親戚約大我五歲，先生吃喝玩樂、好逸惡勞，現在沒錢了窩在家看電視、睡覺當伸手牌，連兩個30多歲的子女都寧願在外租房也不願回家看到「米蟲」！另類的啃老族，啃「老婆」的那一族！我問岳父：

「為什麼當初要嫁給他？都沒在挑的嗎？」

「當初是父母主意，貪圖對方人長得好看，緣投緣投（帥），家裡有錢也好過。哪知現在？當初家中有錢，分家產後就不努力做事，好吃懶做又好賭成性，把家產賭光了一無所有也不工作只好『家裡蹲』了，家人也都不理他。想當時對面有一男子好喜歡這位親戚，但母親不喜歡，嫌人家矮小、牙齒不整齊、長得不好看……。結果那個長得不好看的，現在工廠開那麼大，他太太好好命，在家裡閒閒也沒事做當少奶奶等收錢。反觀這位親戚60多歲了還靠著幫人打掃月薪九千的工作度日，生活清苦歹命不好過。」

貪圖對方好看？有錢？深不知社會上有多少魚質龍文之輩！

再有錢，不持續努力也會坐吃山空！

長輩常說：「醜醜仔尪吃未空」！這麼懶的人，再帥看久了也會膩，反而覺得會噁心！認真的男人才叫帥；勤勞的女人才叫美！這是基本條件。

我看人，可以沒錢絕不能懶！不要說懶，只要是不勤勞就已經犯了我的大忌，送我都不要，直接出局！

寧願要一個能吃苦、勤勞的窮人，（至少守得住）也不要一個吃不了苦、懶惰的有錢人！（因為風險太高）

要作神仙眷屬？先作柴米夫妻！苦過的人較能珍惜及體諒對方，較勤較儉雙方共患難又有革命感情，能走更遠、更好！

年輕人要有想法、要有抱負、要有企圖心。言必信，行必果，達標前須沉得住氣，不可渾渾噩噩一天過一天，「一暝全頭路，天光無半步」，也不要告訴我什麼順其自然、什麼船到橋頭自然直……，那叫混！萬一不自然、萬一不直呢？

懂得上進、吃得了苦、耐得住寂寞、挺得住別人的眼光及閒言閒語！可以沒錢，不能懶、不能沒志氣；可以窮一陣子，但不能窮一輩子！

要走出自己的定位，創造出本身的價值。不要默默的來，默默的回去，好像多你一個不多，少你一個不少，那就可悲了。

太太有次對兒子說，當初會嫁給你爸，是看他勤奮努力，無不良嗜好，學歷又是另一回事了。她說知道我到了30歲還丟下生意跑去學英文，這麼好學的態度才跟我交往的。（說得好像我很沒有行情、沒有人要似的？）

再來談到所謂的要能「沉得住氣」，能撐多久？

17歲輟學當學徒、送貨員，我的目標很明確，只有一個：服完役後要當老闆！我的床是工作桌，日做12時起跳，月休兩天最多，開門、打掃、點貨、搬貨、上貨、打包、寄貨、送貨、招呼客戶、打烊等打雜工作……，無薪加班是家常便飯，還有半夜12點多都已經睡著了還被挖起來退貨到近兩點。可憐的我還曾被老闆罵到哭，多少辛酸往肚裡吞？縱然月薪只有區區四、五千元，不為錢、不為假，只為經營人脈、只為幾年後絕對要獨當一面！

當時不計較眼前一切，秉持我是來學東西的信念，再委屈就是不辭職，再苦、再累都要蹲到服役前，韌性和堅持是環境訓練出來的。因為窮過、苦過，所以很珍惜、很勤勞、很節儉！

如果你問我選擇愛情或麵包？我較貪心，我全要！如只能擇其一？我選擇愛情！貧賤夫妻百事哀是沒錯，沒含金湯匙出生的人大部分一開始都不寬裕，年輕時打拚的日子可以窮，但不能窮一輩子！

畢竟現實社會，人情冷暖。家富親族聚，家敗奴欺主！

不必富甲一方、不必錦衣玉食，更不必名車豪宅，但至少日子要過得去，不能是月光族、捉襟見肘甚至負債累累。有骨氣、有目標、肯吃苦的人是不可能永遠都窮的！世上沒有天生窮男人，只有不努力、不積極、不肯吃苦、不勤、不儉的男人！人可窮（但不可窮一輩子），志不可窮。志不立，天下無可成之事！

娶妻當娶賢，嫁夫當嫁勤、嫁德、嫁格！眾人皆以奢靡為榮，吾心獨以儉素為美。持家者持二字而已，曰「勤」曰「儉」！

一個人窮不窮、富不富有不是看你口袋裡有多少？而是你腦袋裡有多少！

男人真的不能窮，尤其是腦袋！要有想法！

只有肩膀男人，沒有婆媳問題！

曾看過一篇報導，談及一位女性婚後11年，年初二都不准回娘家而憂鬱求醫。期間都是婆婆、先生說了算，沒有得到應有的尊重，最後離婚收場。婆婆堅持除夕、初一必須全家團聚；初二小姑回來，要她幫忙煮菜；初三、初四親友拜年也走不開。

我馬上和太太分享，她反應更大，拉高分貝：「啊？自己的女兒是女兒，別人的女兒就不是女兒？」其實，根本沒有什麼婆媳問題，是夾在中間的這個男人沒站出來當兩個女人的潤滑劑才出問題的。

試問這個男人：

將來自己的女兒被比照辦理11年不能回來，能接受嗎？

如果可以，我佩服他沒有雙重標準；

如果將來無法忍受，那現在怎麼有資格如此對待別人家的女兒呢？

日期不是問題，只要當事人願意。會不舒服甚至憂鬱是因為當事人得不到應有的尊重而產生的不甘願而起。有權力的上位者應考慮當事人的意願，如遇到傳統觀念甚重的長輩，夾在中間的這個男人就必須要有擔當的扛起責任，讓箭靶轉移到自己身上，另一半的問題自然迎刃而解而不會抱怨或不甘願，當事人也不會後悔自己當初的眼光，而且會更愛、更佩服這個男人，做牛做馬都願意！

另外一個是還沒進門的例子。

一位女網友和男友交往2年，有了4個月身孕。雙方家長見面談婚事，沒想到未來婆婆要她婚後除了年初二外，其他時間儘量別回娘家，還要求每個月要給公公、婆婆各2萬元的孝親費，且結婚後除了過年紅包，不能寄錢回娘家，「嫁到他家，就是他們家的人」！

這位女網友瞬間火冒三丈，當場嗆聲後，直接起身準備走人。大家希望她能以孩子為重，這時男友也緩頰了：

「他們是我爸媽，你就不能讓步嗎？」

聽完更火大！真沒用的男人，讓人瞧不起！

從小，外婆一直給我洗腦，千交代、萬交代，要我不能娶個子太矮的（其實她自己也很矮！），說什麼「A郎搞ㄏㄧㄥ」（矮的人意見多，難搞、難順從）。鄉下奶奶也一直耳提面命，不能相差三、六、九歲，相剋不吉利。結果我到30歲的第一位女友（也是唯一一位），個子小又差三歲，長輩沒一個祝福、贊成的。但所有人都知道我的個性，請記住是我要結婚，任何人無從置喙，順利挺住家人壓力，我自己一肩承擔！誰能擋得了我？婚禮從頭到尾還是我一手包辦的呢！

有次去探病，在病房和隔壁床的一位老師聊天，她談及一位朋友兒子身高187，而女友只有155，男方父母堅決反對後就黯然分手結束了。

哎！這種沒主見的男生不要也罷！經不起考驗，早一點看清，分手反而是好事。

155？比我太太還高5公分呢！

「你太太這麼短小？那你父母都沒意見？」

「父母意見可做參考，那OK，但不能是命令、是結果！我知道自己要的是什麼？對錯我自己負責、承受。婚是我要結的，不是任何一位長輩！」

其實，太太早已抱定終身不嫁的堅定意志。當時提到結婚時，我認為她一定是馬上，而且面帶微笑很高興、很感動的點點頭說出：

「我願意！」電視情節不都是這麼演的嗎？

想不到她面有難色，娓娓道出一段藏在內心多年的祕密。原來在學生時代曾給一位極熟的一位朋友算過命，朋友非常震驚不敢直接據實以告，只在太太手心上寫了一個字；「寡」。

這是命！

深信不疑的徐馬麻因此有著單身不婚主義一輩子想法，不忍心傷害對方。我聽完後嗤之以鼻大笑：

「我八字比你重，沒剋你已經不錯了，還想剋我？放心啦！縱然是真的，我也不會怕啦！就算一天好不好，真愛一天也夠了！」

當時的我好猛、好勇敢、好有guts！最後我補上14個字做結尾，成功的打動了徐馬麻的心：

「不在乎天長地久，只在乎曾經擁有！」（我的人是真的不在乎，送她了。」

太太當時感動的淚流滿面，順利化解多年來的心結。一個為愛情死都不怕的男人，還怕他沒有肩膀嗎？

約一年後我們就結婚了。而今，哈哈！第27週年結婚紀念日又快到了！

也有許多因八字被父母拿去算不合而硬生生被拆散的，有位孝順兒子因八字問題，父親堅決要求和用情至深的女友分手，還撂下一句「有她，就絕沒有我！」

孝順的兒子只得和女友黯然分手，元氣頓失下，身體一天不如一天。好多年後爸爸認錯，說了一句「是我錯了，年輕人相愛就好，管他八字合不合，只要相愛就是合啊！」

爸爸多年後認錯？那多年前被你拆散的恩愛鴛鴦呢？回不來了！常聽到很孝順就覺得這個人很棒、很對、很讚。孝是沒錯，但不包括「愚孝」、「盲孝」！那就叫媽寶、爸寶了。明明是不對的為何還要「順」？那叫沒主見、沒肩膀！挺，不一定是站出來和長輩大小聲理論，我也可以不得罪、不忤逆、不回嘴，但私底下我有自己的作法！孝不一定等於順！順了上一代，可能害了下一代的對錯是非觀念混淆！

當時岳父也拿我的八字去合，算命老師說這有血光之災，我嚇了一跳，完了！最後真愛戰勝了八字，所謂有法有破，剖腹化解了血光！

信者恆信，不信者恆不信！永遠分兩派，像「博杯」一樣只有一半機率。算命、看相以過去統計的大數據為基礎，所以算以前很準，算未來就不一定了。就如相由心生，而非心由相生。先因憂鬱而臉色暗沉無光，看了人家臉色暗沉無光，你可以斷定可能憂鬱引起，但你不能說人家以後一定會很憂鬱，倒因為果！，方向大概這樣，但不代表我們就是這樣，這一半就不準了。但另一半剛好很準的卻深信不疑大肆宣揚。算命要是準，世上無窮人了！

我們都知道，一個人會成功不可能只有一項因素，而是多少條件累積而來。天時、地利、人和……，一個人婚姻有問題怎可能只有「算命」單一因素就失敗？就算「算命」是真的，它也只是變因之一並非全部，先天不足，我後天努力補上來；之一不好？我之二、之三……努力做到最好打敗之一，連老天爺都感動，成功後那個小之一就變成一個大笑話了。

會恐慌、恐怖、恐懼是因為未知，所以害怕尋求解方、答案，有信仰是對的。有些事可敬、可信但不可迷！是心靈得到慰藉的解藥，幫我們轉移注意力、走過去，但不能無限上綱，極力強求。只要心胸夠寬大彼此互相體諒不計較都可化解，這是個人心態及素養問題！就如大部分老一輩的觀念是嫁出去的女兒年初二才能回娘家，不然會把娘家的喜氣及財運都給帶走。太太和我除夕回娘家20多年了，岳父一家人是愈來愈和樂，口袋是愈來愈麥可、麥可。這下又不準了！

除非有特殊狀況需求或不得已，我個人傾向，也希望兒子、媳婦能搬出去不和公婆住，雙方都能有獨立空間及作息，上下樓或附近都能接受，或租、或貸，就不會有婆媳問題出現。

婚前絕對要仔細聽其言、觀其行，不要承諾聽太多而放低標準。注意對方是否懂得尊重另一半立場？這點非常重要。當有不合理、不對等的矛盾或衝突時，有能力化解最好，否則是選擇「倫理」還是「道理」？對錯還是愚孝？這個男人是否會跳出來扛，挺住長輩壓力、捍衛另一半該有的合理權益？答案如果是肯定的，那另一半做得再苦、再累都願意，這就是感動！

哪來的「離婚」二字？也許下輩子都想死心塌地黏著你呢！

前兩天太太才告訴我：

「要是你沒有肩膀，我一定跟你離婚！」哇！這麼嚴重？我也不能有特定立場，不然易流於偏袒固定一方。講「倫理」前要先講「道理」才有「真理」！我挺有「真理、正義」的這一方。誰對挺誰，不可以盲目！肩膀，不是用來撐衣服，而是用來扛責任、解決問題的。有女兒的朋友們，請記得事先幫女兒把關一下，虎皮羊質的男人中看不中用，就算是高、富、帥，沒肩膀、沒擔當的媽寶千萬不能嫁！斤斤計較、心胸狹窄的家庭更是要多考慮。

男生要有擔當，因為根本不是婆媳有問題，是夾在兩個女人的這個男人肩膀有問題！沒能力解決才會演變成婆媳問題！

人品？先看車品、酒品及牌品！

根據前幾年英國「鏡報」報導，美國研究團隊分析、研究指出，女性在挑選男友或是同居對象時，較英俊的男性確實可得到較多關注與偏愛；而在挑選結婚伴侶時會多方面要求，不只看對方臉蛋及外型，若對方擁有很好的品格，儘管外型並非完美或有部分缺陷，女性也不會太在乎！

結論：女人挑老公首要條件，品格比帥氣外型更重要！

學會看人很重要，由小地方細心觀察戀愛對象是必要的，畢竟一葉即可知秋！看人品可由車品看起。有無常亂按喇叭？有無常變換車道鑽來鑽去、超速飆車蛇行？有無常違規、不懂得禮讓或橫衝直撞常闖紅燈？

連坐姿、談吐都略可看出一、二端倪。有天太太和女兒在聊天：

「坐過那麼多人的車，你爸開的車最平穩，車品最好，起步不快、不開快車、不急剎車，遇到紅燈就是慢慢停。」

原來女兒很好奇，為什麼只有坐爸爸的車不會暈車？

其實我30多歲時就知道自己極有車品，當時拋下生意到桃園學英文，有次放假開車順路載同學回家，坐在副駕駛座的男同學突然很驚訝的稱讚我：

「沒看過車品這麼好的人，半小時內沒按過一次喇叭、平穩又不開快車。」

拜託！這很稀罕嗎？慢條斯理的我根本用不到喇叭，半小時按不到一次？我是一年按不到三次（包括機車），幾乎忘了它的存在，我都是被叭的。太多人一天按的喇叭比我一年還多，這是個人素養問題！就像按電鈴頻率及倒垃圾時是否會爭先恐後、禮讓或插隊一樣，可看出一個人的個性、耐性。

喇叭不是不能按，而是有需要，短音輕按一聲提醒即可，不是每次都像緊急狀況般，重壓還連音！這種個性的人浮躁沒耐性，沉不住氣，有駕照沒駕德！有的還因不滿被按喇叭被嚇到不爽，火氣上來一路逼車甚至大打出手！

火氣大，就是不能等？好幾次我被叭得莫名其妙，前面明明是紅燈，每輛車都乖乖停下來等，我就被叭！有事嗎？原來後車想右轉要我機車閃一邊，又沒有右轉指示燈，難道要合法的讓違規的？沒有道理！

還有一回開車遇到一位阿婆慢慢的走在斑馬線，雖然我是綠燈但一定煞車耐心等。後車卻不分青紅皂白一直叭我快開走，拜託，我可是在禮讓行人啊！

岳父也說很奇怪，為什麼只有坐我的車才睡得著？屢試不爽！大舅子向他解釋：因為我車子底盤低，較穩的關係。

才不是這樣咧！和車子沒關係，和人大有關係！殊不知我一看到前方是紅燈，早已鬆開油門慢慢滑行再輕輕踩煞車，而非急煞，啟動也是順順的而非暴衝，也不亂變換車道，坐在車內簡直是毫無感覺，當然你一路睡得很安穩，這深厚涵養我還真的有點佩服自己的耐性及功力了。

別以為開車習慣只是個人小事而已，沒什麼大不了的，殊不知攸關親人生命安全，這何等重要！

常看到新聞因超車不順失控或自以為技術高超硬切別人車道，因時間、角度、距離沒抓準而造成追撞或翻車死傷慘重。我們常說，在家裡看到一隻蟑螂，背後至少藏有上百隻蟑螂；同理，發生一次重大事件，是以前上百次的不良習慣造成的，只不過好運總有用光的一天！

開了30多年的車，共經歷兩次生死劫，皆因在高速公路被不良駕德之駕駛突然硬切到我車道，害我反應不及差點丟了小命！有這麼急嗎？還是虛擬及現實世界分不清，殺人當遊戲？就是要快？以後挑女婿，我一定力阻女兒這種人千萬不能嫁，做男女朋友都不行！不要拿自己及家人生命開玩笑！

有次的小年夜回太太台南娘家，在南二高車速都很快，105以上，大家都開得很順。我在中間車道悠哉悠哉聽著音樂，副駕駛座的太太突然大叫一聲：「做什麼？」我也嚇了一跳，原來右方車道平行的遊覽車無預警飛快的左開突然「硬切」到我前面（也無打方向燈，說切就切），因本身車身過長根本沒算準距離，簡直間不容髮、驚險萬分，害我差一點追撞，以為自己開的是小客車嗎？

太突然根本來不及反應，這不到半秒的思考時間不容許我害怕，我只有兩種選擇：

第一：重踩，緊急煞車才不會撞上，但我怕後車追撞！

第二：我馬上往左閃到內車道，又怕內車道那一瞬間剛好有車（連看左照後鏡的時間都沒有），切不出去或換我撞到人家，到時候造成違規的沒事，我守法的有事？

第一選項太冒險不可行，第二還有機會一搏！我下意識選擇急左切，很幸運左方內車道剛好沒車，車身晃了一下，保住了四條小命。遊覽車揚長而去，我們在車內一路罵到台南，怎麼會有這種人？

近30年前第一次在內車道被硬切，年輕沒經驗的我嚇出一身冷汗，情急之下本能的重、急踩煞車下車子不聽使喚撞上護欄並蛇行於內外車道，那幾秒鐘慌了的我控制不了車子，腳也分不清踏的是加油還是剎車了？還好後方那二車道都剛好沒車。左車頭毀了，花了四萬塊，人家跑掉了也沒行車紀錄器，自認倒楣過運。這種人觀念混淆，自我意識高，馬路他家開的，好像你車子過來，我非得讓你不可，不然造成事故又是我的錯？

再來談到酒品。偶爾小聚的小酌抒壓，酒落歡腸、怡情助興這都是可接受範圍，但無法接受到處朋友續酒攤，酗酒成性、夜半不歸，醉後大小聲藉酒發瘋髒話連篇，這麼「盧」還酒駕！酒醒後辯說什麼都不記得了？酒品不好、情緒管理太差，很爛！有的藉酒瘋回家還會打老婆！

每年小年夜都會回岳父家過年，免不了「自摸」一番，幾天下來自家人輪番廝殺輸贏再大肥水也沒落入外人田，這叫消遣，一年一次ＯＫ啦！但如和外人這就叫賭博了。一賭輸馬上變臭臉，口氣酸、講話衝、動作大、輸不起、風度極差，脾氣上來，本性浮現，整個氣氛很僵！願賭要服輸，但牌品不好的人做不到，在外賭博是絕對禁止且為危險地雷，傾家蕩產、跑路者時有所聞，自毀毀人，自家的舅舅就是賭光、喝光的，所以一家人都跟著過苦日子。

無品之人切莫交往，就如岳母不解，自己女兒當護理師時可是好多醫師在追，但為什麼不為所動？岳母已告訴我兩、三次了，可能覺得很可惜，醫師女婿可是很有面子，結果嫁我這個國中畢業的，哈哈！

我也很好奇，求證於太太為何沒嫁給醫師？

「因為我看到有些醫生有醫術卻沒醫德，不喜歡！」喔！原來是間接的在肯定我！謝啦！是的，有醫術要有醫德；有武術要有武德！我常看到許多人在騎樓吸完菸，很順手的把菸蒂丟入下水道，會丟菸蒂也會丟別的垃圾，積少成多萬一颱風來堵塞淹水，大肆批評治水不力的可能又是這同一批人，會淹水是誰間接造成的？這個叫菸品不好！

仔細觀察對方的生活圈、朋友圈，抽菸、酗酒、檳榔對健康都不好，賭博更慘！年輕人見識及敏感度不若有豐富經驗的父母，這就是為什麼太太會要求女兒放感情前要把男友帶回家一次的原因。另外，吃相、坐相也須注意，由一張嘴巴、一雙筷子到一張椅子都能一葉知秋！

不當「無品」之輩，開車要有「車品」；喝酒要有「酒品」；打牌要有「牌品」；做人須有「人品」！

當對方擁有這「四品」時，這種人堪稱「極品」！

孩子到了大學還是這麼認真，習慣久了就成態度！

PART 7
不只學會看書，還要學會看人！

小心雙面人！欺騙、家暴一次都不行！

兩年前岳母住院，我回南部幫忙，感觸很深！看護很年輕，33歲，離婚有一子8歲。為何離婚？先生愛賭博，被家暴打到住院，公婆法院作證，無奈離婚。我告訴她：

「可找好一點的再婚。」

「不敢了，不要了。」一朝被蛇咬，十年怕草繩！年輕時經驗不足、眼光不好，對方三餐對你噓寒問暖、成天捧在手心，公主般的寵愛浪漫至極，沒有缺點都是優點！以為日後就是這種日子好不令人嚮往！追求時熱烈積極、百般付出，哪知是條「賊船」？好景不常。結婚後新鮮感不見了，不再包容缺點，連優點也不屑，於是雙方愈吵愈兇、漸行漸遠往外發展。

在熱戀交往時，當然情緒管理不佳，有暴力傾向的男方會刻意隱藏，感情穩定或結婚後才會原形畢露。如此看來，婚前交往的吵架並不是壞事。反而是冷靜觀察對方的好時機，動粗就是不對，就是有問題，一次都不行，這是個性，也是慣性！

有一就有二，惡劣地雷型男人不值得原諒，求饒也沒有用，當機立斷說分手就要分手！腦袋要清視人要明，一個人的修養重於聰明才智！人品、性格才是挑選另一半的關鍵，花心、風流成性的更是拒絕往來戶！

可能是做生意起家關係，個人非常忌諱說謊，而沒信用絕對是踩到我的紅線，這是慣性沒得商量，一定斷！

潛在型的雙面人，言行不一、表裡不一，外婆在世時卻常告訴我，別以為別人不知道，「鴨蛋再密也有縫」。天知、地知、自己知、良心知！

有位藥師多金，在家人資助下開一家藥局，比我高、比我帥多了，事業有成，簡直是天菜、人生勝利組！

生意興隆，對顧客非常有耐心，微笑有禮貌，服務到家以客為尊，客人永遠是對的，約小我一、二十歲，卑躬屈膝但能曲能伸，手腕、口才極佳，聰明反應快，就是要把生意談到手，實找無挑剔之處，挑燈難尋，太完美了。

但內部人員卻多人告訴我實情，不要被外表給蒙蔽，眼見不一定為憑，「你們是客人，賺你們的錢當然對你們好，其實私底下情緒控管極差，三字經不離口，非常兇悍的一個人，罵人不跳針毫不客氣，翻臉像翻書自以為是，自認上知天文下知地理，驕傲至極，炫耀賣弄自己常識，很會做表面功夫的雙面人。」

哇！受教了！真的看不出來，要不是內部認識的員工偷偷告訴我，還真的無法連結這個人！高富帥一百，內涵、修養？零分！

愈會發誓的人愈會說謊，說什麼不是故意的！找一個能真心珍惜我們、愛惜我們的人，誠懇、實在，坦白不欺騙，心存善念，心地善良強過燒香，不要油腔滑調、輕嘴薄舌、不工於心計、不亂批評、不勢利。懂得感恩、懂得尊重、懂得為他人立場著想、懂得謙虛，基本禮貌一定要有，但絕不是奉承、巴結、唯唯諾諾，小心過謙則有詐！

人要有品，口要有德，不能造口業。沒人品、無口德的連做朋友都不行還當另一半？我寧願去撞牆！

要有信用，不亂開支票、不信口開河，也不能是牆頭草，風吹兩面倒！道德標準要高，合法但不合道德規範的賺錢方式都應避免！若要人不知？除非己莫為！

退伍後還是當店員、送貨員，有次老闆全家要到南部遊玩，要我放假一天，我居然拒絕？自己心裡知道不可能受僱於人一輩子，我要試試當老闆不在時是否能獨當一面？當天沒多久我就賣了一千元現金投入抽屜，之後一群孩子來店裡遊玩跑來跑去，我忙也沒注意到，等孩子走了才意識到完了！錢會不會不翼而飛？趕緊打開抽屜，果然是空的！我只好自己投入一千元。

老闆不知道，其實我也可以不用賠的。自動犧牲一天假期又賠一千，34年前的一千元是我兩天半的薪水。不投對不起老闆及自己的良心，皇后的貞操是不容懷疑的！許多人笑我笨，反問我：

「那你得到什麼？」

「心安、學習、獨當一面！」

傻人有傻福，我是笨，擇善固執的笨！但笨得誠實、心安。

好多名人外遇或出了大紕漏，為了脫罪保住位置，多以「這是私領域，和工作無關，無可奉告！」合理化自己的人格缺失。殊不知私領域才是真相！

法國啟蒙思想家孟德斯鳩是這麼說的：

「衡量一個人的真正品格，是看他在知道沒有人會發覺的時候，做了些什麼？」

貪小便宜會降低擇友門檻

美國最近研究指出，約1/3女性之所以接受男性的約會邀請，其實是為吃免費。真的是這樣嗎？還是國情不同？

記得第一次和徐馬麻約會吃午餐，我們兩個爭相埋單，結果我禮讓她，第一次被女生請客。多年之後我問她為何那麼堅持？

「我不喜歡欠人，萬一分手了呢？很麻煩！」

哇！道德標準這麼高？

是的，一般而言男生為了追求女生、為了面子，有時會展開金錢攻勢。今日送禮物，明天吃大餐！如未修成正果，那這筆帳算誰的？所以各付各的或一人請一次客，誰也不欠誰。畢竟拿人手短、吃人嘴軟，做人不可貪小便宜，你貪人的利，人貪你的母！

女兒長大了，有人追很正常，但愛情是盲目的，原則要有。我和太太不斷叮嚀她心中一定要有一把尺，切莫因為虛榮被動收受或自動要求對方任何貴重禮物，除了有特別紀念日，但僅限小額、有意義的，例如：花、卡片。連孩子的朋友要來家裡，我們都特別交代「不准」帶禮物！再缺錢也不可以和對方有金錢方面往來甚至糾纏不清，不管大小餐都各付各的。

感情再怎麼好，那是現在！隨時保持理智清醒，真愛建立在互信、互諒、珍惜、尊重下，不在表面的物慾及佔有。

最珍貴的、最需要追求的是美德，不是鑽石！

曾有報導，有位男士為顯示本身財力雄厚，約會時穿潮服、開名車接送，車內還擺放二十多萬現鈔，裝闊釣熟女，好幾名女子以為金龜婿上鉤昏了頭，在以結婚為前提下毫無戒心被開口借錢買名表、精品，甚至貸款買車，直到刷爆信用卡討錢無門下才驚醒受騙！背債收場。

有一陣子我每天到植物園跑步，每每有人在餵食，松鼠看到樹底下有好吃堅果想下來，剛開始還會畏畏縮縮、探頭探腦，防備心極重。但發現東西好吃，人類也不會傷害牠，一次一次失去戒心後，哪一天很可能因為貪吃而被居心不良之輩抓走了。

另一位女生，只要她看上的東西，自己撒嬌一下，男友二話不說就刷卡埋單，同居了一陣子本已論及婚嫁卻發現男友愈來愈冷淡，終於結束這段感情，可能看清女友只是貪圖虛榮罷了。但早在分手前，其男友早已刷卡預付了泰國七日遊，兩人旅費四萬多，女生捨不得放棄，分手後仍如期與男友出遊。發現男友已不愛她了，返國後氣急敗壞就澈底分手了。

哪知貪圖免費的更貴！女生不久後發現自己懷孕了，男方也不要孩子，只好去墮胎，賠了夫人又折兵！

有的男生思想不純正，千方百計只想佔女生身體便宜；而有的女生只想貪圖男生的錢財及極貴重禮物，心態可議！男生圖色，女生貪財下才會發生大問題！這點太太就精明許多也不暈船，明白「交友交心不交利，嫁人嫁心不嫁財」的道理。

男大當婚，女大當嫁。天下父母心，尤其在鄉村地方有著濃濃傳統觀念的岳母很心急，年過25的女兒怎麼毫無動靜？一直很積極幫女兒尋找好對象，尤其力推一位有三棟房子的老師，每次太太放假回南部老家總會被疲勞轟炸個幾次。被推銷多了、煩了，有次開玩笑脫口而出：

「要嫁你去嫁啦！」

岳母笑一笑，知道太太的決心後，從此絕口不提。老一輩人看財力，怕女兒吃苦，也無可厚非。

但太太從不貪圖對方有錢的家世背景或職業，沒有合得來、聊得開、說得上話、符合心中標準的絕對不碰！直到遇上了她先生——我。

兩個孩子的國中校長和我們家很熟，知道我的故事一路坎坷，曾幫人作保被倒，房子差點不見，又只有國中畢業，當我的面開玩笑的問太太：

「為什麼你敢嫁給他？」什麼話、什麼話？想當時我也是很有行情的好不好？有位年輕女生曾說過「寧願在寶馬車裡哭泣，也不願在自行車上歡笑」。這麼勢利？那是目前、那是短暫，這叫短視！那你要哭多久？又能哭多久？真的，不要貪圖或羨慕對方的「三高」（身高、學歷、薪水）！

高收入不要瞧不起人，薪水不高也不必妄自菲薄！就曾有對男女雙方交往都是以「貪」為基礎的。

一開始男方一直送貴重禮物，女方也很開心，每次都欣然接受甚至期待下一次。有次男方約女方到家裡說有禮物贈送，但男方到家後卻先去洗澡，女生嚇一跳，把2萬元的禮物拿走閃人而被告偷竊！雙方心術都不正，都貪！男方圖色，女方貪財，半斤八兩，互取所需？兩敗俱傷！

我不喜歡計較，所以個人不欣賞心胸狹窄、愛批評，走不出格局自私之輩，小鼻子小眼睛、雞仔腸、鳥仔肚斤斤計較一些芝麻小事，這樣不好，永遠上不了檯面！

自己努力賺的較實際，不要成天貪想著攀龍附鳳或什麼少奮鬥20年之類，有的雙方家長居然還因聘金及嫁妝喬不定，埋下心結，一樁好事因此告吹。女兒是無價之寶，非金錢可以交易，當初我和太太結婚也是極單純，省掉許多繁文縟節，真心相愛不聘金、沒嫁妝。

以財交者，財盡則交絕！娶某看牛累，嫁尪看老杯。遺傳、家教和原生家庭息息相關，長輩身教參考值極高，八九不離十，多觀察、感受。

金憑火鍊方知色，人與財交便知心。女不貪財，男不貪色。須經得起誘惑、考驗！

不是自己的東西不要拿，是自己的事情一定要做到最好！

分手要有智慧，好來不如好去！

真正的愛情，是在能愛的時候，懂得珍惜；在不能愛的時候，懂得放手！電影台詞是這麼說的。

處理分手是智慧也是成長，只要能重來的事都是小事！如發現個性不合或難以再繼續，大家朋友一場雙方好聚好散，心胸度量要大一點，不惡語相向激怒對方，更不必背後再說三道四，彼些留個空間。人情留一線，日後好相見，君子交絕，不出惡聲，也祝福對方，感謝對方！痛定思痛、懸崖勒馬，好來不如好去！該退就退，該還就還，慢慢斷乾淨彼此甘願。不讓對方誤認還有機會，切莫因貪念而藕斷絲連，那會沒完沒了殊不知因愛生恨的可怕！尤其網路交友要特別小心！

轟動一時的社會新聞，恐怖情人愛不到你？毀了你！兇嫌堪稱是人人稱羨的人生勝利組，記憶力好過目不忘，考前一天臨陣磨槍也能輕鬆應付過關。建中，台大碩士畢業，因女友態度冷淡提出分手，求和遭拒後一時失去理智砍了女友40多刀，毀在EQ不及格！太順遂的前半人生，個性鑽牛角尖，難走出情關。

據報載指出，兇嫌對女友有求必應，當作公主般捧在手心，交往期間濃情密意還同居，日本、香港到處遊玩，吃住購物幾乎都是男友埋單。甚至負擔女友交通、房租、衣服、手機、旅遊費……，半年花了近五十萬，用光積蓄還欠卡債。為愛付出一切還被無情求去？當然心有不甘，覺得被利用，真心換絕情！

最主要是交往期間金錢要劃分清楚，不能老是想佔對方便宜，好像對方犧牲付出是應當的、很自然似的？雙方的家長警覺性也不夠，沒有很積極的去化解危機，才造成兩敗俱傷。

如果我是男方，交往時不會以金錢討好女方，怕感情不真實會變質，貪圖虛榮愛佔人便宜的我也不要，分手最好！被分手失戀當然難過，但我不是報復，毀了別人也毀了自己，而是正面思考才有正向力量及結果，人生勝利組是想辦法進步、成長，讓自己變得更好讓對方後悔當初沒有選擇我！最好的報復是好好活著，努力做給他看，證明他看走眼，更感謝無情的你捨棄了我，讓我有動力力爭上游！

就像我的演講一樣，講完之後總有幾位媽媽來向我抱怨「很後悔」！什麼？很後悔、我講得這麼爛？「不是啦！是後悔沒帶老公一起來聽！」

是的，每一場演講我都用生命盡心盡力在講，讓沒來的後悔！

假如我是女方，我不會貪圖對方免費的旅遊、餐飲、手機……。永遠切記免費的最貴！萬一分手，對方也許不只要你加倍奉還而已，還要求利息！

各付各的最公平，不應靠男方養。如男方有性格不穩、暴力傾向、情緒控管不佳者，這種恐怖情人不要激怒對方，逞口舌一時之快，吃虧的還是自己。當激情不再也不要直接提分手，而是漸進式先理性溝通，同時冷靜想好並安排後路慢慢疏遠、退場，該還、該退的算清楚，對方覺得無趣下才會慢慢接受，理性、和平分手。脾氣爆炸者最怕突如其來的刺激而一時失去理智做出傻事。要不然，一開始就不要給對方任何機會，更不要因為貪！

另一對引起殺機的也是因為金錢糾紛，付出太多的不甘心！

女大男小相差16歲的師生戀，同校女老師幫兇嫌付學費、房租、生活費、大小名牌一年多上百萬元。結果男方結交新女友想結束這段戀情，女方付出那麼多哪肯？揚言要在校內公開二人戀情，被一時失控的男方以球棒猛敲頭部又勒緊頭部直到斷氣還載到山區棄屍。

老實說，我以前也曾被莫名其妙的以死相逼，強烈告白下我嚇一跳也很冤枉（我是被單戀者，沒佔對方任何便宜，沒有金錢糾紛）。後來靠著冷靜，不刺激對方情緒下漸漸自然疏離，冷處理下化解一場危機。不然，可能又是一條人命！

人都是一樣，會一時失控是因為不甘願，付出太多心中無法平衡所致。除了不貪人錢財外，朋友階段時要保留基本的隱私，比如老家的住址再怎麼好千萬不可輕易洩漏，萬一出事至少還有一處可居住躲藏應變。要斷之前要有全盤計畫，冷靜思考不要想一步到位，有的人無法接受如此大的打擊，可能性格大變心生報復，讓對方挫骨揚灰，最後來個玉石俱焚！

孩子有異性朋友，父母也不必心急著禁止甚至責罵，愈禁愈反彈，思考如何引導、陪伴，才有實質幫助，這時傾聽最重要，不是只有一張嘴一直在下指導棋！

強摘的瓜不會甜！愛情這東西要你情我願才長久有趣，一頭熱很辛苦、很痛苦！處理分手是一門很深的功課須靠學習，挫敗的經驗是下段感情的寶貴養分。就算失戀了也不必抓狂、失落或沮喪，那是彼此不適合。反而要感謝對方曾經放棄了我，因為老天爺要我多成長，自己變好，物以類聚下才能有找到更棒、更理想、更適合當另一半的機會！因為他也在找你、等你！

天涯何處無芳草？何必單戀一枝花？一時的挫折有時對我們來說反而是件好事，牙一咬總會過去，看你怎麼想而已。愛你不著？祝你幸福！

「如果愛我就給我！」？騙人的！

一位觀念偏差的媽媽，聽了我只能搖頭！

高中女兒在補習班交到一位男朋友，是第一志願的高材生，交往一段期間了男生想要發展進一步的關係（要求上床）被女兒拒絕，回到家馬上告訴媽媽。

這位媽媽沒有很緊張女兒遇到色狼還怪女兒說：

「為什麼不給他？」這是位讀者打電話告訴我們的真實故事。天啊？什麼世界？貪圖對方是第一志願，以為獻身就會成為你女婿？還是得手後反而看不起你？暗地笑你這麼隨便、這麼容易就上手，那我到底是第幾手？萬一不小心懷孕了孩子算誰的？以後吵架還翻舊帳罵你人盡可夫？因為你可以跟我也可以跟別人……。

心術不正的男生滿腦子想上床，心態可議！逢場作戲、玩玩是可以，但並不想負責。定下來結婚？開什麼玩笑，會不會有點想太遠了！有些臭男生心態很要命，吃一吃目的達到了，新鮮感不再也許就跑了，連手機號碼也換了，還會跟你結婚？

這麼好把，深具自信的他已經在找下一個無知獵物了！有的人只想發洩，不想這麼早被婚姻綁住，而有的女生還停留在上一格的海枯石爛？

有這種自私個性的男人，怎可能安分守己死守你一人？就算結了婚也是一個換一個，慣性劈腿、拈花惹草、到處留情、外遇連連，最後還不是以離婚收場？如果是這樣，那為何要跟這種人結婚？還委曲求全，以身體博取對方歡心？我告訴你，現在他裝可憐求你，說什麼只愛你一個，得手後風向變了，換你求對方了。就算求也不會理你！因為難忍色癮的他對每個女生ＳＯＰ都是如此。

有的男生骨子裡很壞，打從心底瞧不起女性，以為人人都是「落翅仔」一個試探一個。曾有熱戀中男女，男生一直要求、洗腦女友，如果「真愛我就要『給』我」！生性保守的大四女生一口回絕後，不死心的男友一再提出同樣要求，被拒絕多次後撂下一句「其他女生都會配合」，為什麼你不行？

當你說出這一句話時已不是愛我而是愛你自己，只剩下性發洩了。你婚前就不尊重對方身體，那婚後豈不更嚴重？如果因為拒絕對方要求後不愛你而分手離去，這種爛人留他做什麼？經不起考驗不值得愛，就算結婚也不要期待他會多尊重你愛你。走了最好，和你有同樣觀念也願尊重你身體的好男人正在後頭排隊等你、也在找你，因為物以類聚！

天性如此吧？男生容易變，女生容易騙！男生是視覺動物，喜歡看好看的；女生是聽覺動物，喜歡聽好聽的。

男生屬衝動型，較不容易從一而終，先做再說，看到美女即目不轉睛、賞心悅目。遇見貌美如花即驚為天菜，一見鍾情就馬上行動，較成熟的男人還會考慮到品格、內涵，美貌純欣賞參考就好，但初出茅廬年輕小伙子哪禁得起高白瘦美？

女生較男生理性些，想得較遠，但就是喜歡聽好聽的，還深不疑。情竇初開涉世未深的小女生哪堪一波波浪漫的攻勢？烈女可是怕纏郎的啊！

相信什麼山盟海誓、天荒地老下的錯覺。反正整個人就茫掉了，瞬間被催眠下當作是永恆，小女生容易心軟下同情轉而接受追求，非以喜歡為基礎，以為找到真愛還以身相許？真真假假傻傻分不清！尤其是網路認識的朋友更要小心，聽聞多少女生被威脅，不繼續交往就公開不雅照片。唉！那當初又何必呢？

之前太太想保「長照險」，我馬上打臉她：「長照險？我就是你的長照啦！」

太太聽了很高興也很感動。當然，我是講真的，但婚前有幾個講出來的是真心的，還是應付一下討人歡心的？隨便說說也當一回事？反正女人喜歡聽，做不做得到又是另外一回事了。真心不「變」的男人最好，至少要做到真心不「騙」！

很多天花亂墜之人，承諾不值錢，講過的話，做過的事全可以不認帳，船過水卻無痕。翻臉像翻書一樣快！對比之前的濃情密意、寸影不離簡直諷刺！

有的男人就是自私，大男人心態，把女人當附屬品、物化女性，喜歡佔女生便宜，但卻忌諱自己太太婚前讓人佔過便宜，而又有幾個男生能接受自己不是太太的第一個男人？而自己婚前到處嘗鮮尋求刺激，自己還美其名叫增加經驗，卻要求老婆是處女？要對方把最美好的一夜留給自己，這叫守貞！最矛盾的可能就是男人這時的心態了！

婚前會找你，也可能表示這個男生早已找過其他女生上過床了，這麼隨便的人，還怕拒絕其要求不愛你了離你而去？快走不送！斷乾淨，再回頭也不能要了！

只考慮自己的生理狀況，不尊重對方身體，自制力不好的男人婚後還能奢求有多尊重你？自制力會多好？別再傻下去了。

愛我就給我？這表示你已不愛我、不尊重我了，那我還愛你、尊重你做什麼？

男女生思維不同、邏輯不同，男人感性、花心為性而愛，性和愛是兩回事可以分開來談，在意青春肉體，喜新厭舊啟動快，退得也快；女人理性、痴心為愛而性，愛和性是一體的難以切割，較重感情、死心眼重視心靈契合，啟動慢，退得也慢。看過有些男人千方百計、唯唯諾諾、苦苦追求像哈巴狗般甜言蜜語，承諾滿滿，得手後可以馬上毀約，心底還暗笑對方這麼好上，等新鮮感一過，棄之如敝屣，一秒打回原形。

承諾？很抱歉，那是剛剛上床前！衝動期一過，前一秒和後一秒態度可以一百八十度改變。還會跟這麼隨便的女生結婚嗎？不要太認真啦！送我也不要！那這女生不是虧大了？也許對方已婚了，不小心還成了小三。所以女生自己要有原則，矜持是必要的，該拒絕就拒絕，該離開就該下決心斷然離開，不值得你留戀！

壞男人激情過後那一瞬間快樂過了後，整個感覺就不見了，煙消雲散，什麼都可以重來，也可能不認帳，拍拍屁股走人，你還冀望這種人負責嗎？難！

有位知名男藝人在婚前和女友同居，未來岳父嚴厲指責他「怎麼可以對我女兒做這種事？」保守的長輩讓人覺得非常有正義感，值得尊敬。諷刺的是，後來這長輩涉嫌指侵一位女童被法辦。自己女兒不行，別人的可以？更有位媽媽很保護女兒，經常耳提面命婚前絕不可跟男生在外過夜，要懂得保護自己，但卻鼓勵兒子在婚前和女友同居，順便試試女方有沒有為他們家傳宗接代的能力。

有些男生天花亂墜、信口開河、直開支票，滿腦子只想做那件事。雖說食色性也，但君子愛色當取之有道，不應傷害對方來成就自己的慾望，這就叫自私了。

哈哈！寧可相信世上有鬼，也不要相信男人的那張嘴！

無誠勿試——無心要買就不要到處試吃！

有次在大賣場看見一婦人買雞腿便當，每一盒封膜上壓一壓雞腿硬度，最後卻不買壓過的，自己選最下面一盒！就像買貼身衣物，自己沒試穿不買，卻要求沒被試穿過，原封的才要買、才敢買！就像自私的男人一樣，婚前怕沒經驗被同樣爛的朋友笑而到處留情，找對象時卻非處女不娶？而婚後如果對方太熟練、太自然、太大方還會懷疑是否有過經驗而心生芥蒂？

大賣場上的叫賣人員常誇自家賣的水果多甜、多好吃，歡迎試吃。好多人上前拿了就走，貪心的人還拿雙份後再逛兩圈，每一攤試都不買！人家日本人非常守秩序，有興趣的才試吃，而我們心態是「吃到飽」再說！貪個小便宜。我個人要是沒意願購買，就算拿到面前拜託我試吃，我都會拒絕！因為不要讓對方認為覺得好像有機會下又馬上落寞失望，這更殘忍！

交男女朋友的道理也一樣，沒意願交往就不要因為好玩、想佔對方便宜而去招惹對方、去「撩」人家。路邊的野花不要亂採，不然早晚會踩到地雷！謹慎的為自己也為對方著想、留路，大家後續好辦事選擇多，不要搞到最後只剩下最壞的一種選擇！不是吹牛，如果30年前我是到處試吃貪小便宜的個性，早就被不知凡幾自動送上門的女孩子纏上要求結婚負責了！

那如果有心想買呢？當然可試吃，但不能整盤端走，淺嘗ＯＫ，對人品要先停看聽，打擊出去跑到幾壘都能接受就是不能全壘打！萬一懷孕鬧出「人命」那可就不好玩，回不去了！

我有兩位年齡相仿的好朋友，一位在北部，一位在中部，條件都不在我之下。但我很納悶，為什麼要那麼早婚？對象要慢慢挑選不必急於一時，至少要交往一段時間多觀察讓彼此多了解才是，怎麼才認識一會兒功夫就急著結婚呢？

想不到兩位給我的答案竟然一模一樣：

「當女方要求結婚時，我說再緩一緩（猶豫、不急、再多想想），女方居然放聲大哭！所以只好答應了。」

放聲大哭就得娶？又為什麼大哭？事情沒這麼單純吧？莫非你們已佔人家便宜而騎虎難下？無心購買下卻一直試吃，吃出問題而弄假成真？

對於女生來說，這是比較幸運的例子，遇到先上車願意後補票的，聽過太多到手前死纏爛打，上床後？裝聾作啞、不肯負責的渣男，這時叫天天不應，叫地地不靈，只剩獨自哭泣承受！有的還隱瞞性病害對方也得病，很噁！

害人之心不可有，防人之心不可無！出門在外，菸酒不碰，如不得已那就應付一下場面，耍憨、裝弱、淺嘗或先把酒含在口中幾秒再以毛巾假裝擦嘴慢慢吐在毛巾上，給足對方面子，自己也沒喝到半滴酒，只不過技巧要純熟一點，不能被看出破綻。另外，上一號或離開過自己視線的飲料絕對不喝，鋁箔包裝也得小心，以防心懷不軌之徒有機可乘。約會不單獨和異性在密閉空間內或到對方家中，儘量在公共場所較保險，就如女兒高中老師建議同學們儘量不要穿太鮮豔的內衣，也不要太緊，白色制服很薄，像錢不露白道理一樣！

就有同事間因酒喝多而情不自禁發生一夜情就懷孕的例子，事後男方不認帳直喊「哪有這麼巧，一次就中」？認為你這麼隨便可以跟我，也可能跟別的男人，孩子不一定是我的！那女方不是很衰，被佔便宜還被說成人盡可夫？要結婚對方不要，只剩生下來獨自撫養或拿掉，何必？事後再來後悔倒不如事前把持住自己，太容易被得到，對方都不會珍惜的，反而加速對方逃離！上床前的溫柔，得知中獎後態度丕變！還聽過婚前一個月男方有小三，萬一曾上過床那這個婚還結不結？還是生米煮成熟飯沒辦法了，只好心軟、原諒，之後面對可能再被背叛？

有位因信仰而婚前守貞女性，堅持婚前不發生性行為，堅守最後那一道防線。

也不知回絕了多少位，每個吃了閉門羹後也都離她而去，交往只是愛其身體罷了，最後終於遇到一位願意尊重她，對她疼愛有加的真命天子！

也許很多人要說，「這是什麼時代了，還有這種老古板觀念」？對，我就是老古板，考慮的比較多。不然，難道要等到成為未婚媽媽、隔代教養及離婚再來不知所措、後悔？開放的時代就可以「射後不理」？還懷疑自己是不是對方的第一個男人？也不要挖苦、揶揄人家什麼洗一洗還是新的？這話很毒！被佔便宜還被冷嘲熱諷，很不道德，怎麼算都划不來。陶醉前還是多思考一時衝動的後遺症！年輕人跟著感覺走，想到哪裡做到那裡，容易思慮不周延，根本不知後果是如何，先做再說！

沒聽過嗎？求婚後懷孕、訂婚後偷吃，最後娶了小三……？雖然貞操觀念逐年淡薄，但如果可以，許多人還是願意把最美好的回憶保留給另一半！不論男女。

「與一個值得你愛的女子在婚前發生肉體關係，你便損害了她；如果她是不值得你愛的，你便損害了你自己。」法國文豪大仲馬是這麼說的。

上幾壘各憑本事，就是不能全壘打！

不要天真以為反正訂婚了，遲早要結婚的，早做晚做都會做、都要做，有差嗎？

有的很幸運男朋友就是先生，那我沒話說。是的，確定有結婚的沒差。那中途變卦的另一半機率沒結婚的沒差嗎？萬一又懷孕單親的也沒差？甚至墮胎拿掉孩子也沒差？

不是每對都很幸運能步入禮堂的。還有人想同居試婚，或婚前舉辦告別單身派對的，萬一分手，無縫接軌又交到新的，好死不死又中大獎，這下尷尬了，連孩子都不知道是誰的？只好驗ＤＮＡ找爸爸了。麻煩就麻煩在這裡，未成定局前不試吃就單純多了，後面都沒這些煩人的事，這就是我非常不贊成先有後婚的觀念了。

也請不要告訴我安全措施做好就好了，反正有避孕沒關係，很安全、很保險。沒關係？很安全？很保險？

那請問各位，我家女兒是怎麼來的？

當時結婚之初事業很忙，我並不想馬上有小孩，所以非常小心，哪一項避孕措施沒想到、沒用到？女兒她還是千方百計、衝破難關，找到漏洞就鑽，我不是驚喜，而是驚嚇！怎麼跑出來的？

當初為了雙重保險還仔細算了安全期。呵呵！虧太太還是專業的護理師呢！套子哪裡保險了？有漏網之魚，是不是買到瑕疵品，還是早已被太太戳破了洞？

「萬事」都會輸給「萬一」，這叫「莫非」。不要推說不小心，若要不「中獎」，除非己莫為！避孕結果，沒成功便成「人」，鬧出「人命」！代誌大條！而「事後避孕藥」常吃或選擇墮胎都是傷害身體，可能造成日後無法順利懷孕。

有的涉世未深年輕人被愛情沖昏了頭，愛得死去活來，不懂嚴重性，提早嘗鮮下珠胎暗結。除了閒言閒語、異樣眼光，不是休學就是退學，值得嗎？奉子成婚後才發現識人不清，初夢乍醒，離婚一切重來？把婚姻當兒戲？那一開始又何苦沉不住氣尋求短暫的刺激讓自己長期受累、一輩子變調？

哎！問世間情為何物？直教人生死相許！時代在變，以前是「天長地久」，現在已變為「能撐多久」？

也許有人會提出質疑：「徐爸！你講得滿口仁義道德，要我們守身如玉，那你自己呢？我們怎麼知道你有沒有暗度陳倉，說一套做一套？」

拜託！我和徐馬麻訂完婚還是堅持不行！直到結完婚累到第三天車開到了台東度蜜月才……手忙腳亂的好不好？我費了很大功夫在草叢密布下還一度找不到入口……。哎！笨死了！

記得第一次約會見面，我們到野柳遊玩、拍照，晚上開到基隆中正公園欣賞夜景，因太晚了兩人就直接在車上睡。有天和兒子、太太在客廳閒聊到凌晨一點，說到這一段時我當面質疑太太：

「你第一天和陌生男人出去坐人家的車，那麼晚了都不怕我對你怎麼樣喔？」

太太突然大笑，是狂笑等級。

「我早就想好對策沙盤演練了。」然後又是一陣狂笑！

「什麼啦！」我催太太快說。

「一定很髒！」兒子說。

「你兒子想到了。」

我大概也知道太太的做法，但我想要從她口中講出來。

「我會把你的重要部位咬下來！」太太邊說邊笑。

開玩笑！我怎麼有那個機會讓你「喀嚓」？

兒子虧她嚇都嚇死，腿都軟了怎麼可能這麼冷靜？

當第一時間得知女兒被告白時，媽媽就告知她交往看看，以時間證明是否真心對你好？是否有肩膀擋下一切壓力？不可以是「爸寶」、「媽寶」，先帶回家讓我們兩老鑑定一下，通過後才能放感情。還特別交代「不能上床」！女兒回嗆：「我也是有原則的好不好！」

面試當天當爸爸的我只有一個要求：「婚前不能上床」！這是為人父母我的底線，踩到我的紅線？後果自行負責！口氣很軟，寓意很深！耐不住性子請另找高明，不要彼此浪費時間。

一個男人他的大頭管不動自己的小頭時，就如看到紅燈沒有警察下就是想闖，克制不了衝動，在慣性下早晚出事。能打擊出去上到幾壘各憑本事，但就是不能全壘打踩到本壘板！

我們不是聖人，也不必做聖人，可以發乎於情，但要止乎於禮！做到蓋棉被能夠純聊天的境界，留一手好評價才是！

要說我管太多嗎？或直昇機父母？告訴各位，我和太太是「衛星定位」，這叫「變頻父母，」隨時關心、陪伴！一年的未婚小媽媽何其多，兩、三千個跑不掉就是父母沒在管控的，這又對了嗎？那我寧願當個直昇機父母被批評也不願事情發生了才在罵、才在不知所措！

年輕人也不要嫌父母囉嗦管太多，家有一老如有一寶。不聽老人言，吃虧在眼前；寧走十步遠也不走一步險！

小時候常跟玩伴哼著台語兒歌：

「奇怪！奇怪！沒尪哪會大八肚？」

當時不懂，也跟著奇怪，現在懂了，原來會懷孕的管道及原因這麼多？我太老實了。

做人做事，順序很重要，女生要懂得隨時保護好自己身體。不管時代怎麼變、怎麼開放，個人強烈建議千萬不要踰矩而造成悔恨一輩子。戀愛就如信仰的道理一樣，都是可以、可被祝福之事，但涉及情色及錢財等敏感問題就要特別小心提防，提高警戒心了，因人假神威事件層出不窮。

孩子交男女朋友，樂觀其成。要創造雙贏大概把握住三大原則：

一、建議大學後再說。

二、放感情前先帶回家認識一下，做個參考，及格後再進一步發展，而不是互訂終身快結婚了才帶來見父母，順序錯誤。如果不敢帶回來就是有鬼！除非特殊狀況或父母自己本身就不及格了。

三、不可偷嚐禁果、鬧出「人命」！

有次十一點多，我們全家在床上聊天，話題總圍繞在女兒的男友身上，當媽媽的總是想多了解對方一點。聊到十二點多大家已靜下來都快睡著了，約5分鐘後太太突然飛來一句：

「女兒，你男朋友有沒有割包皮？」

我差點從床上滾下來，女兒苦笑的回答：

「我怎麼會知道？」

對啊！誰會承認？又不是像你一樣笨！我也替女兒緩頰：

「你怎麼問人家這個，好像他們……。」

「那是衛生問題，最好割一割。」

你也管太寬了吧？把你調到太平洋去喔！

但話說回來，關乎個人及另一半的衛生問題，女方家長在對方來談親時，應建議男方婚前處理一下，小手術而已卻一勞永逸！

婚前顯微鏡、婚後凹透鏡！

在婚前我就想過一件事，行為、情緒儘量和婚後一致，不可以差太多，自然、坦白，對方能接受我的臭脾氣互不嫌棄再往下一步。

婚後會出大問題都是因婚前把大毛病極力掩飾，隱藏得很好，深怕露出馬腳對方發現，大家客客氣氣總是呈現最美好的狀態。而到手後卻暴露最原始的醜陋本性，變本加厲、互控瘡疤、不留情面。不肯改變或退讓，反差太大下難以接受。

和異性我可是一本初衷，以結婚為前提交往，不來電的不要因為無聊而去招惹人家，深怕對方愛上，下感情後走不出來而受傷。也因此到30歲才有了第一位女友，當然也是最後一位。

當初我可是考慮了整整一個星期才打電話給徐馬麻的，考慮什麼？我原本設下三不門檻她都有（身高、差3歲、護士），我真的能接受另一半那雙短腿一輩子嗎？如果可以就交往看看，如果無法打破心魔？那就謝謝再聯絡！掙扎了一個星期反覆思考、比較利弊得失後，第8天我才打了電話，因為接受了。

原來互補也是一個重要選項！

每個人對另一半的要求順位不同，重視的點不一樣，各有所好、各有堅持。有的會把某項特質擺前面順位，比如孝順、乖巧，比如才華、聰明、美貌、長腿、廚藝、好脾氣、優生學……。這都無可厚非，也是人之常情！（因為很重要，所以再強調一次，所有順位不管你怎麼排，都要排在品格及感覺之下。）

婚前因這些優點而喜歡上對方，對比之下小缺點也就不算什麼了。但就是很多人婚前欣賞對方優點，不計較缺點，婚後卻習慣了優點，付出多、做得好，是義務、是理所當然，本該如此。而不如意的，卻一直批評而嫌東嫌西！這太現實也不盡公平！

為了怕後悔，婚前務必眼睛亮一點、耳力好一點，仔細觀察儘量挑缺點；既然接受了，婚後眼睛遮一點、耳力背一點，儘量看優點。不要交往時什麼都好、都隨便，好不容易在一起了卻極盡挑剔、昨是今非，前後態度判若雲泥！

千萬不要像報紙形容的那樣：交往時說你體重不是重點；結婚後卻說你體重是重了點！

婚前？談情說愛，親親抱抱，再忙、再遠都「順路」，看不到對方缺點；

婚後？談錢說唉！斤斤計較，再空、再近也「忙碌」，找不到對方優點！

哈！好慘！

以前時代結婚三大條件（台語）：第一身體健康、第二學問普通、第三門風相當，健康列第一順位。

外表當然看得出來，但怕有連自己都不知道的隱性遺傳性疾病怎麼辦？這就是為什麼我一直堅持婚前不可偷嚐禁果的原因。（不要告訴我避孕就好了。）萬一懷孕又生出一個不健康的孩子絕對是一輩子的累及痛！所以早已知道本身有遺傳性疾病，交往後一定要事先坦白告知不欺騙，決定結婚了再double check做婚前健康檢查。能接受對方健康狀況下再往下一步走。如果在意那就到此為止，退回好朋友階段，大家好聚好散，彼此祝福。如果深愛對方分不開，雙方又都有遺傳性疾病基因，除非找醫師看能不能篩選健康胚胎或要有心理準備當頂客族。

年輕時不懂也鐵齒，雙方覺得都很健康，和徐馬麻婚前並沒有檢查的觀念。婚後約半年，衛生所通知徐馬麻打德國麻疹，結果因懷孕不能打，驗血後徐馬麻這時才知道自己有隱性遺傳性地中海貧血（岳父這時才知自己是兇手），有關人員要我趕緊去驗血，萬一也有地中海貧血，那肚子這孩子怎麼辦？

我聽了當場嚇出冷汗，完了！小學時朝會站在太陽下常常昏倒，是不是真的貧血？等待結果那幾天好漫長，整天胡思亂想，萬一我也有，那孩子有1/4機率很難養（這是含蓄講法，可能須引產了。）還好，報告出來是正常的，（小學昏倒是因營養不良引起的貧血。）那孩子最多是和媽媽一樣為隱性的而已，危機解除，虛驚一場，沒造成遺憾！不然，今天就沒有徐姊姊這個人了。

人們常掛在口中的一句話：

因誤會而結合，因瞭解而分開。那是自己交往時了解不夠透澈所致，我和太太的經驗剛好相反：因瞭解而結婚，因誤會而更瞭解！願意溝通、改變、包容、體諒而已！銅板沒兩個不響，如果能做到對方感動而離不開你，愛到深處無怨尤都來不及了，哪來離婚二字？要改變、檢討對方前一定要先改變、檢討自己，不一定是錯在對方，也許是我先有問題的。

先天的缺角都不叫缺點，後天的不願改變才是！因為先天的我們都無法選擇，而後天的只要願意，我們絕對可以修正到更好。

聽過有人為了牙膏怎麼擠？冬粉怎麼下鍋？寵物怎麼養等細節而大吵離婚，真的很扯！

太太曾對我說：

「真不懂你們男人！」

其實我也很想說「真不懂你們女人」！女人心，海底針也不是講假的，想法、邏輯先天上本來就不同，這很正常，可視為互補，同性質太高也未必比較好。想法不必相同，達成共識才重要。只要懂得相識、相知、相戀、相惜、相扶持，這才是永恆的愛！

一日夫妻百日恩，百日夫妻比海深；貧賤之交不可忘，糟糠之妻不下堂！要珍惜得之不易的緣分。

當這個人可能成為另一半時，我才會晉升為男女朋友，不然就維持第一階的普通友人即可。難以抉擇時先分類再利用刪除法，決定了後永遠不要忘了戀愛相處的感覺，永遠記得對方對你的好。婚姻是概括承受，婚前和優點談戀愛，婚後和缺點過日子，欣賞優點進而喜歡上對方的缺點。我不是聖人，但我願意為對方儘量修正、改變！

一山難容二虎，除非一公一母？這也未必！現代人自我意識強烈互不相讓，只想改變對方，不願自我成長、改變。人說「男人要捧，女人要哄」也不是沒有道理，夫妻之間其實要的很簡單，就一份「真」而已！想想當初怎麼被對方的某項特質吸引的？不要忘了交往時的崇拜及愛慕，雖然婚後日子久了激情不再，「英雄見慣如常人」，但「特質」依在，只是忘了、習慣了，好像自然的空氣一樣。

有位網友的分享非常寫實，令人莞爾！

「跟老公婚前約會時，他都很想親我，於是約定開車時每停一個紅燈就親我一下。之後每次載我都專挑那些紅綠燈超多的路去開。結完婚後有次突然想起這件事，於是要求他像以前一樣，每停一個紅燈就親我一下，他欣然同意。可是我發現那次……他卻開高速公路回家！」

如果決定走一輩子，嚴以律婚前，選擇你所愛；寬以待婚後，愛你所選擇！不要婚前是看上眼，婚後怨看走眼！只嫌現在的不好，卻忘了對方以前的好？

「我最敬佩兩種人：年輕時陪男人過苦日子的女人；富裕時陪女人過好日子的男人！」諾貝爾文學獎得主莫言是這麼說的。

能互相考量到對方立場，為對方設想，而不是只想到自己而已。

花開愛到花殘，紅顏愛到白髮。忠於原味，莫忘初衷！

投資自己，成為品味男、氣質女！

當你要挑人時，別忘了對方也在挑你！「龍交龍，鳳交鳳」，什麼鍋配什麼蓋，公式很固定，千古不變的道理。

如果自己不好，我連被愛的資格都沒有，還奢談主動去愛人？去選人？吸引上門的永遠都是一些蚊子、蒼蠅之類。

為了有資格、有能力挑選另一半，我是長期都在做準備，一路成長讓自己變得更好！

人家說被愛是幸福，愛人是痛苦的，而我個人實際感受卻剛好相反！

婚前被追求、被寵愛看似輕鬆、順風，對方會按你的意見走，服服貼貼真的好像很幸福，原本沒感覺的也可能順勢不小心墜入愛河，有時被迷霧彈炸昏了頭，可能做了錯誤決定，但這個人真的是我喜歡的嗎？適合我嗎？

還是，我只是被喜歡的而已？不知自己需求是什麼？會不會是先幸福、後痛苦？主動權在對方，哪一天會不會不被愛了？

我個人行事作風喜歡苦盡甘來、倒吃甘蔗模式及結局。當要愛一個人時，我知道自己要的是什麼？需求是什麼？主動出擊找一位我願意包容對方缺點，欣賞其優點，確定能和對方廝守一生，為對方改變，結婚就不離婚。

對我而言是主動找我的互補、我的需求，知道自己喜歡的是什麼？要的是什麼？而非圖方便被動接受！整體而言對我來說多付出才是幸福的，那不叫痛苦！愛人不一定是痛苦，被愛也不一定是幸福，順序不同罷了！

曾輕易被愛過，感覺很痛苦，因我並不愛對方也不想欺騙對方感情，那不是我要的，雖然女追男只隔層紗。但大部分女生一開始都喜歡享有被愛感覺的幸福感而陷入熱戀，太容易得到的，就怕考慮不周延。心中須有一把尺，不是什麼都好！

我喜歡選擇，不習慣被選擇，也就是說我覺得愛人比被愛幸福，因為知道自己要的是什麼而主動出擊而非只能在有限的範圍內被動等待非A即B！

想要被人愛就要先成為一位值得被愛的人。同理，想要找品味男、氣質女前是否我自己先要照照鏡子，踮踮自己斤兩有多重？如自覺稍嫌不足那就得加緊腳步再多努力充實自己，不能只要求對方而自己卻不長進，否則在挑人或被挑之前就被out了！

兒子一位要好同學的媽媽專職帶孩子，過得十分幸福、美滿，先生很棒，經濟上不是問題，有錢、有閒，每天找她喝下午茶都可以奉陪，堪稱最幸福代表。如果朋友間有女兒的，她都說女生不必太厲害，找個好老公嫁就好了。

問題是，不是每個女生都能像您這麼幸運的，本身也須有一定的特質才能吸引到對方，不然所謂的好老公也看不上你，他也想去找一個好老婆啊！沒有相當條件，哪輪得到你？好的對象大家也都在搶！

男怕入錯行，女怕嫁錯郎！不只怕入錯行，男更怕娶錯娘！

這次過年，聽到岳父當面開示其孫女：

「阿公沒希望你賺大錢，但一定要找一個好老公嫁就好了。」

心裡暗自覺得好笑，這麼巧我剛好在寫這個單元！

其實，結婚前我就已經在思考這問題了，我能拿什麼實力給對方看、得到對方的青睞及肯定？又憑什麼想挑選自己喜歡的另一半？不好的我也不要，優質的大家又搶成一團，那自己如何脫穎而出而獨得芳心？唯有反求諸己了！

曾有則分享一七多的女生，漂亮、體貼、溫柔，決定下嫁一位一六多長相普通的業務員。眾人議論紛紛，因為走在一起一點也不登對。她高EQ回以「有一天我也會變老變醜，那時候就會很登對了。外貌只是表象，重要的是內涵，我很清楚自己先生善良、誠懇又積極向上！」

後來，幸福、快樂堵住所有人的嘴，成熟的人很清楚自己要的是什麼？婚姻不能只靠一時的怦然心動，外人一串閒話是可以變成眾人一段佳話！

選擇配偶要多了解彼此，心靈上的契合反而勝於一切，感覺對了，第一順位非它莫屬，高矮胖瘦美醜窮富又是另一回事了！

像我們高的又如何？當兵還被班長罵動作慢，「人大笨、狗大呆」！初二習俗回娘家，岳父對面鄰居帶著女兒、女婿來聊天，伴手禮是一大串女婿種的大香蕉。哇！好吃到我共剝了五根！Q又綿密！

頭髮稀疏，皮膚黝黑到發亮，但對務農研究心得非常在行，認真努力、口條清楚、言之有物，在高雄大寮種植面積以「甲」計算，農會還想報名他為「模範農民」，連務農60年的岳父還一直請教他近兩個小時。

客人走了，我稱讚這個人厲害有一套！岳父告訴我，結婚請客當天大家往台上一看議論紛紛，嫌成一片：「哎喲喂啊！怎麼這麼老！」（其實是黑）

結婚多年來，女兒好幸福，女婿一箱一箱農產品寄回來，丈母娘好滿意。錢，女兒在管，還會偷塞給媽媽，剛好符合老一輩的理想條件，女人選男人要嫁三ㄘㄞˊ：「人才、奴才、錢財」。

現在親戚、朋友反而在問當初去哪裡找到這麼好的對象呢？哎！外表真的不太準！

不必羨慕人家交的朋友都是「王兄柳弟」而抱怨自己交的都是「林投竹刺」、「榴槤椰子」？（台語）

社會是現實的，拿不出實際成績實力前根本沒人理我，甚至酸言酸語一堆。直到創業成功後一夕翻身，客戶、廠商、親戚、好友開始注意到你這支績優股了，爭相介紹女友。不誇張，從台北到高雄，簡直可以海選了。但緣分很重要，對的時機、對的人。非要等到我想要的人出現不可！

我不是想選最好的，而是選最適合我的人。不要說什麼年齡到了急了，飢不擇食、勉強湊合而將就結婚，經不起時間考驗，這比單身還可怕！

「有的人長得不怎麼好看、個子矮小，智商也不高，又常常做蠢事，但我就是喜歡她的傻氣及天真！」雖是劇情台詞，但就是這個感覺。不必最好，但要適合！

相處在一起，心情是愉悅的、放鬆的，而非有一絲絲距離或壓力。

婚姻是愛情的墳墓？錯！找到對的人，婚姻其實是愛情的開始，既為夫妻要能保鮮一輩子，而且愈來愈甜，愈來愈珍惜。

男女觀念不同是正常、是互補，不要一直抱怨什麼個性不合之類，不然慢郎中的我又如何受得了另一半的急驚風？各退一步，海闊天空；長長久久，甜甜蜜蜜！在於自己的心胸、素養。不要再說什麼感覺不見了、感情淡了、愛情沒了，只剩親情之類的藉口，問題在人不在事！

想改變他人前必須先改變自己；想要求另一半什麼條件前也必須先充實好自己條件，讓自己更棒、更優秀、更吸引對方！

男人沒實力才會覺得女人現實；女人沒魅力才會覺得男人花心。花若盛開，蝴蝶自來；人若精彩，天自安排。長安居，大不易？台北居更不易！如果一輩子只能拿基本薪資過活，那生活會很辛苦。

努力投資自己就是吸引優秀異性的最佳利器。要求對方氣質女或品味男前，努力先讓自己成為品味男或氣質女！

國家圖書館出版品預行編目資料

選校選系與戀愛學分／徐權鼎著. --初版.--臺中市：徐權鼎，2020.8
面； 公分
ISBN 978-957-43-7691-9（平裝）
1.親職教育 2.親子關係 3.大學 4.戀愛
528.2 109007202

選校選系與戀愛學分

作　　者　徐權鼎
發 行 人　徐權鼎
出　　版　徐權鼎
10855台北市萬華區大理街42-14號
電話：（02）2302-3661
設計編印　白象文化事業有限公司
專案主編：林榮威　經紀人：徐錦淳
經銷代理　白象文化事業有限公司
412台中市大里區科技路1號8樓之2（台中軟體園區）
出版專線：（04）2496-5995　傳真：（04）2496-9901
401台中市東區和平街228巷44號（經銷部）
購書專線：（04）2220-8589　傳真：（04）2220-8505
印　　刷　基盛印刷工場
初版一刷　2020年8月
定　　價　280元